東日本部落解放叢書

武州小頭
甚右衛門の世界

松浦利貞
Matsuura Toshisada

解放出版社

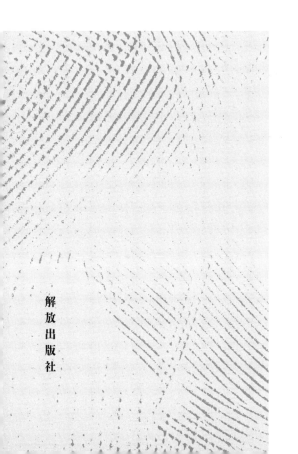

はじめに

一九七四年、埼玉県吉見町（和名村）の鈴木家で大切に保存されていた約三〇〇〇点の古文書が埼玉県立文書館（当時は埼玉県立浦和図書館）に寄託された。

鈴木家からはなるべく早く公刊して差別をなくすため運動や教育に役立ててほしいとの希望が出されていた。埼玉県同和教育研究協議会が五年をかけてこの古文書を読み、『鈴木家文書』全五巻として公刊した。以来この『鈴木家文書』は全国に知られ、多くの研究者がこの文書史料を使って研究を発表し、同和教育の教材としても広く活用され、部落史研究と同和教育に大きな貢献をしてきた。

「鈴木家文書」の内容を見ると支配、土地・職場、租税（年貢）、村の概況、農業、皮革、医薬その他の諸産業、交通、商業・金融、戸口（人別帳）、信仰と諸国巡礼の旅と納経帳、さらには書籍（典籍）など多岐にわたり、これだけ大量の文書が保存されていたことは全国的に見ても数少なく貴重である。

私はこの「鈴木家文書」を読み圧倒されるとともに感動した。

「鈴木家文書」を通して江戸時代の差別の様子を見ることもできるが、一方で鈴木家と和名村の人たちが差別に負けず生活を向上させたくましく生きてきた姿を見ることができた。

歴史の史料は同じものでも支配するもの、権力者の側から見るのか支配されるものから見るのかによってその見方は大きく異なる。「鈴木家文書」もこれを支配し差別する側から見るか、それとも支配され差別されたなかでこの史料をつくった鈴木家と和名村の人々の目で見るかによって大きく異なるであろう。

研究者の視点というよりは生活者の視点から古文書を一枚一枚ていねいに読んでいくとそこには新しい発見があり、当時を生きた人々の息づかいを感じることができる。

私はこの「鈴木家文書」に書かれている事実を余計な解釈ぬきにありのままに差し出せばこれまでの被差別部落に対する偏見や差別がいかに意味のないものかがよく理解されるのではないかと考えた。それはまたこれまでの部落史研究を通して描かれた部落像とも異なるものになろう。

現代の部落差別につながる江戸時代に差別された人々は「えた」「ひにん」と呼ばれ「穢多」「非人」と表記された。しかし差別された人々は「穢れが多い」「人に非ず」という差別呼称を嫌い、やむをえない場合を除いて自らは使わなかった。かわりに東日本では「ちょうり(長吏)」、西日本では「かわた(皮田、皮多など)」と言うことが多かった。「ひにん」も「ひにん」と言わず「小屋頭」「小屋主」「小屋」を使っていた。従ってこの書では史料引用などやむをえない場合を除いて「穢多」は使わず「長吏」で統一した。「長吏」には「穢多」「非人」のような差別を意味する文字はないが、近現代では差別呼称として使われたため、この書では「ちょうり」「えた」「ひにん」とすべて仮名書きで使用した。

和名村には平人の百姓と「ちょうり」は共に生活していた。当時の史料には「被差別部落」や「部落」という表現はない。ここでは部落を「むら」と表記し、「ちょうり」の「むら」と平人、百姓の村を分けて表記する場合は平人、百姓の村を「百姓村」と表記する。また「和名村の人々」と使う場合は「ちょうり」の人々、「部落」の人々を指している。

鈴木家は江戸時代、代々浅草の弾左衛門配下の「ちょうり」小頭としてその仕事を担ってきた。なかでも一一代甚右衛門(千助、政徳)は鈴木家と和名村の人々にとって大きな役割を果たし、「鈴木家文書」の史料も一一代の時代のものが最も多く残されている。

私は一一代小頭甚右衛門の一生を追うことにより鈴木家と和名村の人々の生活を明らかにしたいと考えた。なお本書では以後、鈴木家を甚右衛門家と表記する。

武州小頭甚右衛門の世界　目次

はじめに 003

第Ⅰ部 関東の「むら」と弾左衛門体制

第1章 身分制社会と差別 015
第2章 関東の「むら」と弾左衛門 018
第3章 武州和名の「むら」 025
第4章 きびしい差別があったが 041

第Ⅱ部 武州小頭甚右衛門の世界

第1章 諸国巡礼の旅人 050
1 伊勢参りの旅 050

2 東日本の観音巡り 057
3 大山道中記 061

第2章 千助から甚右衛門へ 077

1 父助命のため駆け込み訴え 077
2 所払い源六一件 082
3 大願成就を願い 086
4 千助、「ちょうり」小頭となる 093
5 差別は許さない 097

第3章 「ちょうり」小頭として 101

1 御回状記録を作る 101
2 組下証文、手下証文をとる 107
3 元右衛門とまつの欠落 112
4 駆け落ちは許せない 115
5 四回も書き直す病死届け 118
6 大山唐銅灯籠寄進 123

7 「ちょうり」祈願差し留め一件 128
8 百姓村で「ひにん」がなぐられ殺されそうになる 132
9 百姓村との交流 134
10 ゆらが来た 136

第4章 広く知られた薬屋と日常生活 141
1 家秘相伝神通散 141
2 甚右衛門家の学問・教養と実名取得 153
3 活発な金銭貸借と土地の取得 157
4 家族ぐるみの田畑耕作 161
5 父の死 170
6 三男の出生と早世 175

第5章 家督を譲って 179
1 磔御仕置 179
2 息子が心配 182
3 忙しかった 186

参考文献、史料　197
一一代甚右衛門略年表　198
あとがき　201

第I部

関東の「むら」と弾左衛門体制

第1章 身分制社会と差別

近世（江戸時代）は身分制による差別の時代であった。これまで教科書では「士農工商えたひにん」の身分制度があったと教えられていた。しかし徳川幕府が士農工商といった順番をつけた身分制度をつくったわけではない。「士農工商」という言葉が身分制度と結びつけられるようになったのは儒学者たちが本来は社会的分業を意味し、身分上下を示すものではなかったこの言葉を江戸時代の身分制を説明するのに使ったことから来たと考えられている。

豊臣秀吉の兵農分離策以降、実態として武士と平人（百姓、町人）の分離、「えた」、「ひにん」のような被差別民の分離が進み、それを幕府や大名など権力者が身分として固定化していったと考えられる。そこでは武士と言っても将軍、大名から旗本、御家人、陪臣、足軽にいたるまで細分化された身分があり、百姓と言っても名主（庄屋）、本百姓、水呑、譜代、名子、被官その他の身分がある。町人も商人と職人の違いがあるものの、地主、家主、地借、店借、奉公人などさまざまな身分差があり差別があった。

身分差別社会では人々は身分格式にとらわれ身分相応の生き方が強いられた。

日常的に上下の身分序列が意識され、それは近現代に入っても人々の意識のなかに残っていった。

福沢諭吉が明治一〇(一八七七)年に著した「旧藩情」で次のように書いている。

福沢諭吉は、自らが所属した中津藩(大分県)を例にとり、「武士と言っても百余の身分に分かれており、その上下関係は絶対で風俗も違い、身分違いの婚姻も許されなかった。町を歩けば相手がどのような身分かはすぐわかり、言葉遣いも違っていた。従って壁を隔てても人の対話を聞けばそれが上士か下士か農民か商人かの区別ははっきりと知ることができる。」と書いていた。

江戸時代の身分は目に見えるものであり、さらには見なくても話し方を聞くだけでわかるほど明瞭なものであった。

当時の支配階級であった武士たちは平人たちを見下し、平人たちは自分たちより下位と見た被差別の人々を見下した。

江戸時代の身分制の下で最も下位に位置づけられ、差別されたのは「えた」「ひにん」などの被差別民であった。

江戸時代の被差別民は全国各地におり、その仕事や名称もさまざまであったが皮革や警察、刑務等の仕事についている者が多かった。東日本では「ちょうり」、西日本では「かわた」と呼ばれることが多く、これを徳川幕府は「えた」「ひにん」と統一的に呼んだ。また皮革関係とは別に猿飼《さるがい》、茶筅《ちゃせん》、夙《しゅく》、乞胸《ごうむね》など全国には数多くの多様な被差別民がいた。被差別民は武士からも平人からも差別されていたが差別の実態は地域によって違いがあった。

差別は「えた」「ひにん」をけがれた存在と見なし、身分制の下では下位に属し、対等に人付き合いをする存在ではないという意識から生まれる。「えた」「ひにん」をけがれた存在と見るのは斃牛馬の処理、処刑、葬送等死者への関わり、清掃、病者の世話などの仕事をけがれた行為と見る中世(ある意味古代からも)以来の天皇、貴族、寺社等の観念が広がり持続したからと考えられる。

第2章 関東の「むら」と弾左衛門

全国的に被差別民はそれぞれの地域で彼らを統轄する頭《かしら》を持っていたが、関東※には各地の「ちょうり」小頭を支配する弾左衛門が浅草新町《しんちょう》に役所を構え、江戸の町奉行所の支配を受けていた。

※関東以外でも伊豆は弾左衛門の支配下であり、甲斐、駿河、奥羽のごく一部も支配下に入っていた。また関東でも水戸藩領、喜連川藩領、日光神領は支配外であった。従ってこの書で展開する内容は厳密に言えば「弾左衛門支配地域」でのこととでも言うべきであろうが、それでは地理的位置づけが明らかにならないので、煩雑を避け弾左衛門支配の地域を「関東」で表記することにした。

また「ひにん」は享保期の「ひにん」頭車善七と弾左衛門の争論の結果、関東では「ひにん」は「えた(ちょうり)」の下に位置づけられた。

弾左衛門役所のある浅草新町(囲内)には役所の手代や役人などを勤め、皮革、太鼓、灯心や公《く》事宿《じやど》の仕事を営む有力「ちょうり」がいた。また弾左衛門の支配下となった江戸の「ひにん」は浅草の車善七、品川の松右衛門、深川の善三郎、代々木の久兵衛の四人の「ひにん」頭に統轄され（木下川《きねがわ》の久兵衛もいた）、江戸の各所に「ひにん」小屋がつくられていた。

農村（村方、地方《じかた》）にいた「ちょうり」たちは弾左衛門役所の支配を受けるとともに、配下の「ひにん」を支配したが、一方で幕藩領主支配の下、名主、村役人からも支配されるという二重支配を受けていた。平《ひら》の「ちょうり」は組下と呼ばれ、平の「ひにん」は手下《てか》と呼ばれた。また「むら」がいくつかの組に分けられ、それぞれに組頭（小組頭・小組地役）がいる「むら」もあった。

弾左衛門配下には他に乞胸《ごうむね》、猿飼《さるかい》もいた。乞胸は身分は町方の平人であるが、家業は弾左衛門の支配下にあるという位置づけで、乞胸の仕事をやめれば平人にもどり、結婚も百姓、町人など平人を相手にすることができた。乞胸は当初江戸の各地に住んでいたが、明和の頃（一八世紀）には下谷山崎町付近に多くが住むようになり、浅草の車善七に支配される乞胸頭仁太夫の支配を受けていた（その後、天保の改革の下、乞胸は浅草龍光寺門前へ移住させられた）。乞胸の家業とされたのは綾取、猿若、江戸万歳、辻放下《つじほうか》、操《あやつ》り、浄瑠璃、説教、物真似、仕方能《しかたのう》、物読、講釈、辻勧進などの大道芸で、寺社の境内や大きな道路、また家々を回って芸を演じ金銭を乞うていた。

猿飼は猿廻し、猿曳きとも言い、猿を舞わせて金銭を得た人々であり、武家屋敷では馬の祈祷を行ったと言われている。身分的には弾左衛門配下の被差別民で、婚姻も猿飼同士で行われた。猿飼は江戸では浅草新町に住んでいたが、関東各地に散在していた。

関東の被差別民の支配体系を簡単に図示すると次のようになる（図I-1）。

図I-1 関東の被差別民の支配体系

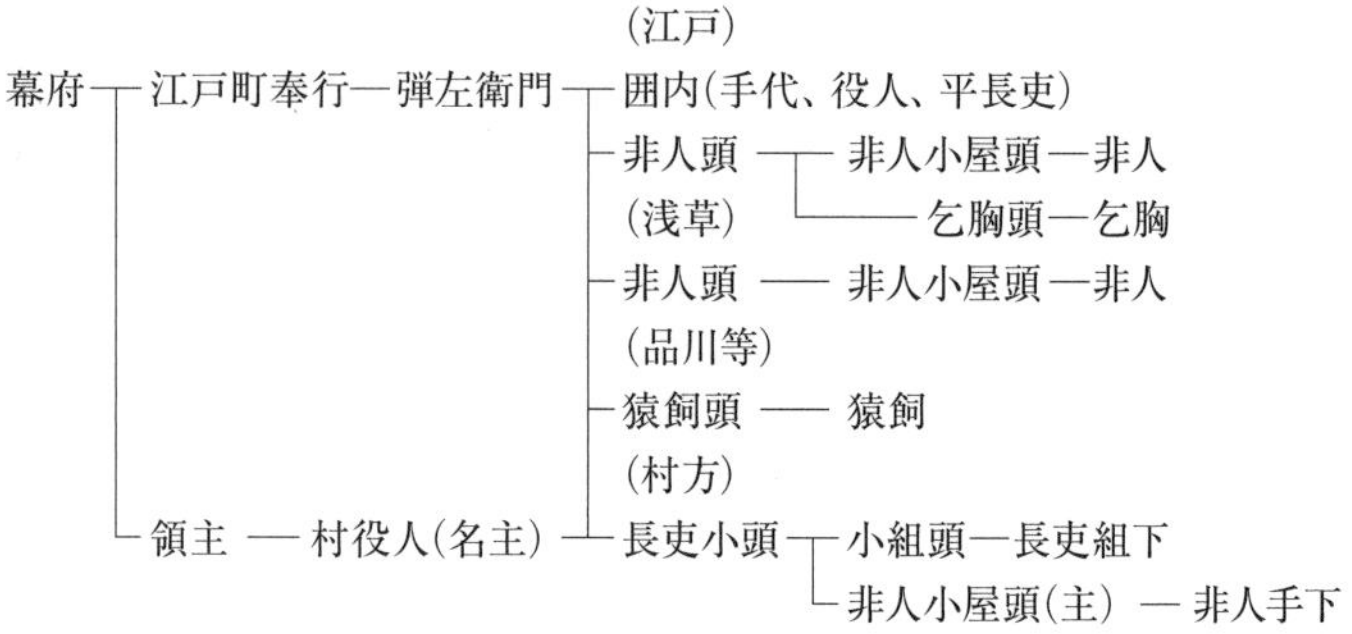

江戸時代のこれら被差別民はどれぐらいいたのだろうか

江戸時代、関東にどのぐらいの被差別民がいたのであろうか。

寛政一二（一八〇〇）年に弾左衛門から幕府に提出された書付（『南撰要類集』）によれば弾左衛門配下の「ちょうり」「ひにん」「さるかい」は、「ちょうり」が五六六四軒、「ひにん」が一九九五軒、「さるかい」が六一軒いたとされている。

これを関東の地図で見てみよう（図I-2）。

「ちょうり」「ひにん」の歴史は中世にさかのぼると考えられるがくわしいことはわからない。皮革の仕事に従事していた「ちょうり」「かわた」と言われた人々は武具の材料をつくる技術者（職人）として、戦国時代を戦う全国各地の戦国大名にとっては不可欠の存在であった。

しかし、関東各地にいた「ちょうり」「かわた」「ひにん」に対してどのように弾左衛門がその支配権を確立していったかくわしくはわからない。

弾左衛門は関東各地の「ちょうり」頭との抗争、享保期の

図I-2 弾左衛門配下の被差別民(1800〈寛政12〉年の書付による)

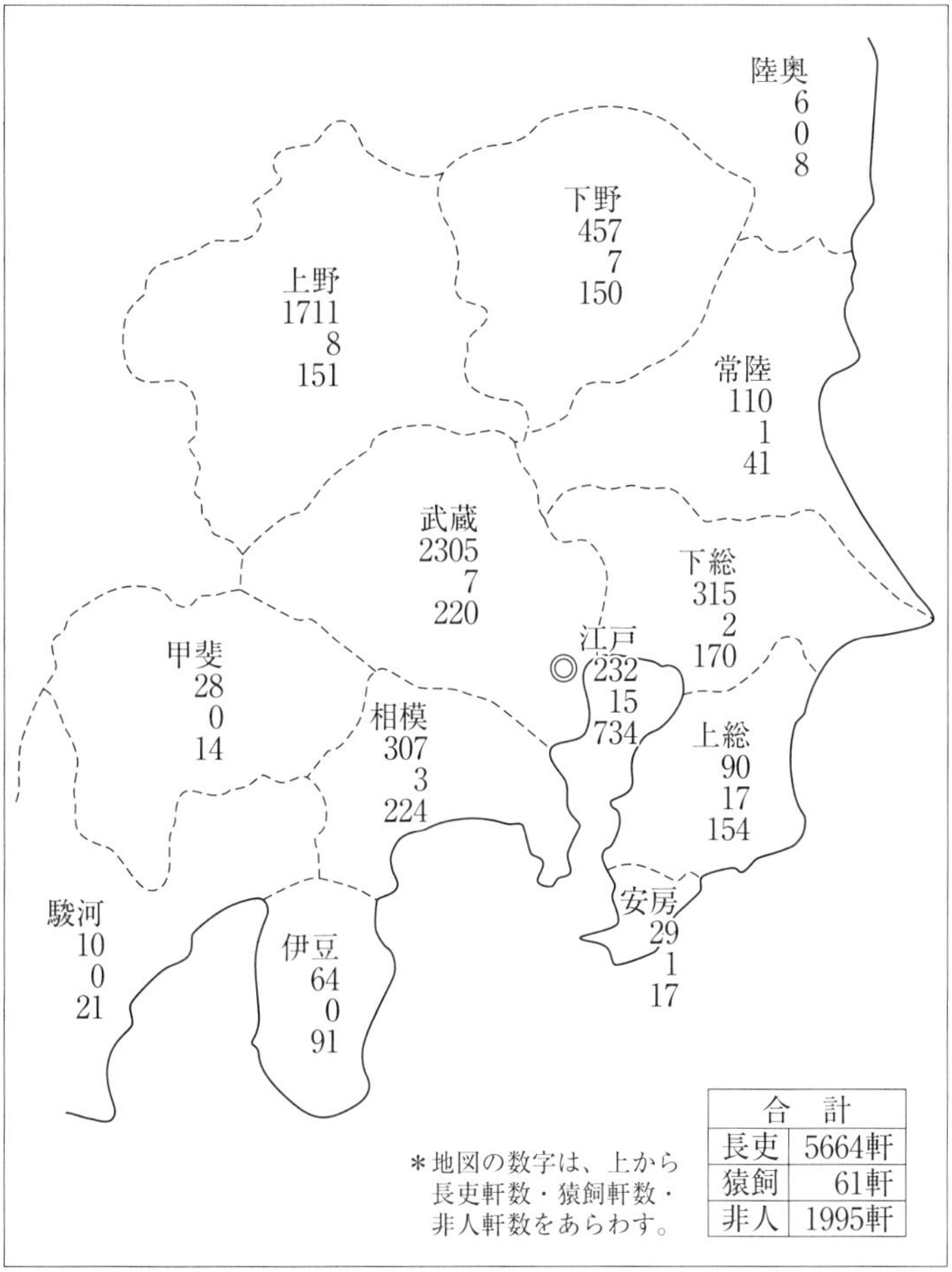

＊地図の数字は、上から長吏軒数・猿飼軒数・非人軒数をあらわす。

合　計	
長吏	5664軒
猿飼	61軒
非人	1995軒

「ひにん」頭車善七との抗争などを経て幕府公認の「ちょうり」「ひにん」の頭となった。

弾左衛門は江戸の町奉行の支配を受け、配下の「ちょうり」「ひにん」を処罰する権限、裁判権を持っていたが、一方で裁判(公事訴訟)にあたっては現在の弁護士や司法書士にあたる公事宿が囲内に存在し調整にあたった。

現在で言う「刑事事件」の被告(罪人)には弁護人(公事宿)はつかないが、「民事事件」については原告、被告ともに公事宿がついた。「ちょうり」同士だけでなく「ちょうり」と「ひにん」の争いにも双方に公事宿がつけられた。平人の百姓との争いにも公事宿がつき、百姓側の公事宿と折衝し、話し合いで解決しなければ奉行所に「裁許(判決)」を願った。公事宿は名前通り宿屋でもあり、在村の「ちょうり」が弾左衛門役所に出かける時や訴訟の時の宿泊所であった。また訴訟の過程や結論として「宿預け」という処分があり、弾左衛門の「ちょうり」「ひにん」支配の一端を担ってもいた。

弾左衛門は配下の「ちょうり」「ひにん」に絶大な支配権を持つとともに、一方では「ちょうり」「ひにん」の代弁者としてその利益を守る立場にもあった。

多くの村にまたがる職場があった

関東の在村の「ちょうり」たちにはそこで死んだ牛馬の皮を取得することができる「職場(旦那場)」があった。職場は地域ごとに小頭を筆頭とする「ちょうり」集団が保有し、その範囲は

「ちょうり」集団の大小によって違いがあった。例えば野州の太郎兵衛は一〇九か村、上州の三郎右衛門は一三か村、そして甚右衛門は二五か村を職場としていた。職場はまたその「ちょうり」「ひにん」集団の活動範囲であり、そこで発生するさまざまな課題を担っていた。職場は日割り、場所割りされていたが、全員の「ちょうり」がその権利を持っていたわけではなくその権利にも大小の差があった。また職場の権利は売買、質入れなどもされた。職場で死んだ牛馬が発見されると「ちょうり」は「ひにん」に命じて牛馬の解体（「皮取り」）をさせ、皮とともに毛、爪、骨などの「小間物」も取得していた。また牛の胆石の牛黄が見つかれば、それは貴重な漢方薬の材料であった。

この職場に弾左衛門役所は絆綱銭《はづなせん》（その後職場年貢銀）や嘉永期には新たに牛馬皮口銀などを賦課し、さらに戸別に「ちょうり」には家別役銀、「ひにん」には小屋役銀（当初は牢屋修覆銭）を課した。さらに弾左衛門役所の必要に応じ、手伝い金などさまざまな名目で上納金を要求した。

絆綱銭は初めは絆綱の現物納であったがその後金納になり、職場にかけられる職場年貢銀となった。この金額が職場によって異なる。牛馬皮口銀は牛馬皮一枚につき一匁とわかりやすいが、職場年貢銀は牛馬皮の取得数に関係なく毎年定額で、和名「むら」の場合、寛政期は一〇匁九分で享和三年からは一六匁三分五厘になっている。しかし職場数の少ない「むら」で寛政期二一匁二分四厘、享和三年以降三一匁八分六厘もとられている史料もあり、その基準など不明な点が多い。

家別役銀は寛政の頃は一軒につき一匁七分五厘であったが、享和三年からは二匁五分にひさあげられた。小屋役銀は寛政の頃は五匁であったのが享和三年からは七匁五分となった。他村の史料を見ると小屋役銀は一匁五分となっていて、和名「むら」の場合、異常に高いが理由はわからない。

また村方では田畑を持つ「ちょうり」も多く、領主支配に対する年貢も負担していた。

さらに甚右衛門家のように家業として売薬を営んだり、織機の重要な部品である筬の製造販売などを営む人々もいた。しかし、田畑を持たなかったり、持ってもわずかしか持たない人々、職場の権利もわずかな多くの「ちょうり」たちの生活は苦しく、草履(表)、雪駄、鼻緒などをつくって生活の足しにしていた。

「ちょうり」「ひにん」は村々の番人として地域によって違いはあるものの不審な者の取締りとともに田畑、山林等の野番、山番、用水、ため池等の水番、堰番、村の祭礼や諸行事の手伝いなどを行っていた。また犯罪者が出れば捕縛、護送、磔刑等の人足として駆り出された。これらの仕事には若干の手当が支給され、「ひにん」には家々をまわって勧進と言われる金銭、穀類などを得ることが認められていた。「ひにん」は「火の番ひにん」とも言われ、出火防止の仕事も大切な任務であった。

第3章 武州和名の「むら」

和名村の位置

和名村は武州西部に位置し、江戸浅草までの道のりは一四里半と説明されている。徳川幕府成立当初は幕府の天領であったが、宝暦一三（一七六三）年以降明治維新までは旗本大島氏の知行地となっている。和名村の百姓村は四〇軒前後で、「むら」は二〇軒前後で推移したと思われる。

和名の「むら」の生業と「ちょうり」役

和名「むら」は農村であり日常の仕事は田畑耕作と草履づくりであったと思われるが、「ちょうり」としての仕事が本来の職分であり、これには現金収入があった。和名の「むら」の職場は横見郡四三か村の内二五か村に及び、この地域で生じる斃牛馬の取得権を持ち、地域の村々からのさまざまな依頼に応えていた。この地域には農業用のため池があり、これの堰番の仕事も大切な仕事であった。

職場の権利には格差があった

和名「むら」の職場の権利は延享五・寛延元(一七四八)年の「職場改帳」では場主は八人とされ、その八人で二五の村の職場の権利を日割りで所持していた。

明和二(一七六五)年の「条目請書」によると場主は七人で一四人は職場を持たない「水呑」とされていた。

それが天明元(一七八一)年の「場境ならびに小前帳」では二二人が場所と日を分け所持するようになった。この一〇数年間に何が起きたのか、史料がないのでわからないが興味深いところである。

時代は下がるが嘉永七・安政元(一八五四)年の控え帳を見ると

嘉永七寅の年分揚げ方

寅正月三日

一下細谷村斃馬壱枚　組下　辰之助㊞

同正月七日

一久保田村斃馬壱枚　組下　夏次郎㊞

正月廿五日

一古名村斃馬壱枚　小頭　甚右衛門

二月十二日
一今泉村斃馬壱枚　小頭　甚右衛門
同日
一今泉村斃馬壱枚　小頭　甚右衛門
三月十日
一中新井村斃馬壱枚　組下　勇吉　㊞
五月七日
一前河内村斃馬壱枚　組下　冨八　㊞
（中略）
十月八日
一蚊計谷斃馬壱枚　小頭　甚右衛門
十一月八日
一一ツ木村斃馬壱枚　組下　冨八　㊞
十一月十二日
一仲《ママ》曽根村斃馬壱枚　組下　岩二郎　㊞
十二月八日
一下細谷村斃馬壱枚　組下　冨八　㊞

〆弐拾壱枚なり
右の通り取り揚げ、あい納め候に少しも相違御座なく候。依って御請け印差し上げ候。以上。
安政二夘《う》(卯)の二月日
小屋頭　角兵衛　㊞

これは嘉永七・安政元年一年分の死んだ馬から皮をとる仕事をしていた「ひにん」の小屋頭が死んだ馬が出た日と場所、その時の職場の場主を書き上げて甚右衛門に提出したものである。この年は二一枚の馬皮がとれたことになるが、この頃、職場の権利を持っていたのは二六人いたにもかかわらず全員がとれたわけではなかった。甚右衛門が八枚、冨八が三枚、夏次郎、清太郎が二枚。一枚とれたのが辰之助、勇吉、乙松、長蔵、新五郎、岩二郎の五人であり、この一〇人は馬皮を取得できたが、残りの一六人はこの年馬皮での収入は全くなかったことになる。

下細谷村で出た馬皮は一月三日は辰之助の取り分、一二月八日は冨八の取り分となっているので、下細谷の職場が複数の「ちょうり」によって所持されていることがわかる。ここで下細谷村職場の場主の権利がどのように配分されていたかを見てみよう。

毎月　一―二日　甚右衛門　三―四日　辰之助　五―八日　冨八　九―一一日　甚右衛門
一二―一三日　忠蔵　一四―一六　伊之吉　一七―一九　林蔵　二〇―二五日　甚右衛門
二六―晦日はさらに細分化され一、二、五、七、八、一一月は清太郎、四、一〇月は甚右衛門、

六、一二月は乙松、三、九月は常次郎となっていた。

複雑に細分化されているが、このような結論を出すに至るまでどのような話し合いがあったのであろうか。

甚右衛門家の職場の権利が拡大される

馬皮の年間取得状況が「村中馬革入改帳」「村中馬皮取高帳」「斃牛馬皮取揚控えの帳」などの史料で寛政二（一七九〇）年から明治三（一八七〇）年まで断続的ではあるがわかる。馬皮の取得枚数を最多三位まで表にしてみよう（表I-1）。それを見ると甚右衛門家が最初から職場をたくさん持ち、馬皮をたくさん取得していたわけではなかった。

この表を補足すると三位までに入る少数の者が馬皮をたくさんとり、あとは一、二枚であり、一枚もとれないものも多数いた。

当初有力組下の弥平次がたくさん馬皮をとり、甚右衛門は三位にも入れず、甚右衛門家は一枚しかとれないこともあった。しかし一一代千助の時代に甚右衛門家は少しずつ職場を増やし、馬皮の取得数も増えていった。弥平次が死に、息子が早死にしたため孫の直蔵が跡を継ぐ頃から地位は逆転し、明治に至るまで圧倒的に甚右衛門家が馬皮を取得するようになった。

ここでとれた馬皮は大井屋、足利屋など浅草新町の皮問屋に運ばれる。文化九（一八一二）年からは馬皮をたくさん取得できる甚右衛門家は別として、組下の弥平次と九八が村内の仲買人にな

表I-1 馬皮取得状況

年号	1位	2位	3位	総数
寛政2	宇兵衛5	儀右衛門4	弥平次、甚右衛門、茂八2	18
3	弥平次12	茂八4	新蔵3(※1)	30
4	弥平次9	茂八7	甚右衛門5	31
5	弥平次7	甚右衛門6	清太郎3	25
6	弥平次11	源太郎3	甚右衛門、茂八2	26
7	弥平次15	治助、茂八、小四郎2	(※1)	27
8	弥平次、はる5	甚右衛門、治助、九八4		30
12	弥平次、甚右衛門5	あとは全部1		15
13	弥平次6	九八4	茂八、文蔵2(※1)	21
享和2	甚右衛門12	弥平次8	文蔵3	28
3	弥平次9	甚右衛門7	茂八5	35
文化元	弥平次11	甚右衛門、茂八4		27
14	甚右衛門10	直蔵8※2	友吉4※3	31
文政元	直蔵8	甚右衛門7	林蔵、源太郎4	31
2	甚右衛門10	友吉7	直蔵、文蔵3	30
嘉永7	甚右衛門8	冨八3	清太郎2※4	21

※1（※1）は甚右衛門が3位にも入れず1枚しかとれなかった年である。
※2直蔵は弥平次の孫、※3友吉は茂八の子、※4清太郎は直蔵の子
※馬皮の単位は1枚か1反で表される。また馬皮に斃馬、死馬、落馬の3種の表記があり、同じことか違うのか不明である。

り、浅草へ送るようになった。原皮（生の皮）のままではすぐ腐敗してしまうし重い。斃牛馬が出るたびに運ぶのは大変であるからある程度まとめて運んだと考えられる。地元でなめしたかどうかはわからないが、甚右衛門の家で「馬皮はり」をしていた記録があり、最低干し皮にして運んだのであろう。馬皮一枚、品質によって異なるが銀二五〜二七匁（時期により異なるが一両＝六四匁で換算すると金一分二朱ほどとなる）で取り引きされた。

「村中馬皮取高帳」の文政二（一八一九）年の項に次の記述がある。

去る寅の一一月一三日より当（文政二）卯一〇月二一日まで都合

馬皮一〇枚なり。もっとも一一月一二日召遣い喜七、松次郎（一部欠字）にて送り申し候。もっとも一人前五枚ずつ正味七貫六百目（二四〜五キロ）ずつなり。仲買人直蔵三人にて一一日夜九ツ時（夜中の〇時頃）立ち、大宮宿にて明け候趣、戸田土手にて四ツ時（一〇時頃）なり。川口通り致し七ツ時（四時頃）着いたし候。同一三日に江戸所々見物致し申し候て同一四日の夜に入り、四ツ時に帰宅致し申し候。一五日、右両人半日休ませ申し候。都合七人手間かかり申し候。右直蔵名前にて御仕切受け申し候。

仲買人で弥平次の跡継ぎ直蔵は場主から頼まれた馬皮を持ち、甚右衛門の分一〇枚は甚右衛門の召遣い二人（喜七、松次郎）が運んだのであろう。馬皮には一年前のものからまだ二〇日しか経っていないものまであった。

この際運んだのは皮だけでなく尾とふり毛（たてがみ）も運んだ。受取は仲買人の直蔵宛出されたが、全部あわせて三両二分と一貫九四八文が売上金として甚右衛門に渡された。その内から直蔵に樽代として五百文、二人の召遣いに小遣いとして六百文と酒代二百文を渡した。更に仕来りの御神酒を飲むことができなかったので、代わりに一七日に直蔵と直蔵の弟弥五郎、召遣いのおなか（組下甚助の娘で当時一〇歳）、隣家の要吉の四人を呼び、酒、吸い物で祝ったとある。酒二升、二百文、豆腐、酢醤油、百文と記している。

次に天保三（一八三二）年の馬皮の仕切状を見てみよう。

仕切

一　馬皮六枚　　代百六十弐匁
一　馬爪四ツ　　代二貫文
一　同四ツ　　代壱貫二百文
一　同四ツ　　代七百文
〆百六十弐匁三貫九百文
直し金三両壱歩二百三十八文
右の通り仕切、あい渡し申し候、以上
十一月廿一日　　足利屋武八 ㊞
甚右衛門様

これを見ると甚右衛門が仲買人を通さず直接浅草の問屋と取り引きしていることがわかる。一人で何枚も馬皮を取得できた甚右衛門は直接問屋に売ることができた。この年は五月と一一月の二回運んでいるが、多い時は一年で五回も運んだことがある。

この仕切状の裏に甚右衛門が「天保三辰年十一月廿一日足利屋仕切かるこ乙八行」と記している。馬皮はその品質によって値は異なり、傷があったりすると安くなる。この時の馬皮は一枚二七匁であり、爪も品質によって価格が違うことがわかる。また馬皮六枚と馬爪一二個を一人で江戸へ運ぶのは大変であるが、この時運んだ人足（「かるこ」）が乙八であることを記している。「かるこ」役には当然運び賃が支払われた。

村の番人としての「ひにん」

「ひにん」の大きな仕事は前述のように死牛馬の解体（斃牛馬処理）である。「ひにん」は職場を巡回し、死んだ牛馬を発見したらその旨、その日の場主になる「ちょうり」へ連絡し、死牛馬を解体し、皮や爪、毛、尾、骨などに分ける。これに対し、和名村では「場役風呂敷小刀代」という手当をその死牛馬の数に応じ甚右衛門が場主から集めて「ひにん」小屋頭の角兵衛に渡していた。また死牛馬が出た時場主が直接酒代を渡していた。しかし、馬皮一枚につき六〜七文で年間の馬皮の総数は多い時で三五枚、少ない時で一三枚、多い時でも二四五文とあまりにも少ない。

ここで和名村での「ひにん」のその他の仕事を見ておこう。

宝暦一一（一七六一）年の「堤番一札」の史料を意訳で見てみよう。

これは小頭甚右衛門と源左衛門の連名で二つの村の村役人に出した誓約書（「一札」）であるが「ひにん」の村での仕事がよくわかる。

一　この度両村から預かった場所について竹木の番人、田畑夏秋の農作物の番、また年間通して盗賊は言うまでもなく疑わしい者を村に入れないよう番人をしてほしいと私たちへ仰せつけられたことについては承知しました。そこで「ひにん」小屋の確かな人間二人を派遣します。そうであるからには夏秋の農作物の番、とりわけ冬の火事、泥棒の用心、春までは昼夜とも村内を見回らせます。その「番給金」として二人で一年につき一両二分二朱と食料代（「扶持方」）として一か月に二人分、割麦三斗六升ずつ下さることになっています。もっとも給金は盆前に半分、暮に半分の二度に分けて渡して下さい。もし番人の内村方に対し不相応のふるまいや番の勤めがよくないようであれば私たちに言って貰えば早々に取り替えます。

一　小屋の者二人を配置し、いろいろなものを下された上は小屋頭角兵衛が月々村を回って勧進をしたり、祝儀、不祝儀の際の村回りもさせません。しかし、夏秋二度、正月と盆の年四回は回ってもよいと決めていただきました。また番人が病気になったり、病死したりした場合には角兵衛方へ引き取らせます。

一　二人が番人を勤めている間にいろいろ事件（「出入り」）が起きた時に必要な費用は村方から出していただく定めとなっています。

時代が下がると他の地域でも度々生じるが、村方の村役人が直接「ひにん」に番役などを頼むことがあり、「ひにん」もそれを希望している場合が出てくる。その場合「ちょうり」側から「ひにん」への依頼は必ず「ちょうり」を通してやってほしいとトラブルになることがあり、和名村でも同様のことがあった。

和名村では明和四(一七六七)年の百姓殺害事件の際、名主が当時の九代甚右衛門(千助の祖父)を通さず配下の「ひにん」に直接、犯人の護送を頼んだことに反発し、自分たちは田地を持っているので村役人の支配を受けても「職場・身分の儀」は弾左衛門配下の我々の問題であるとして抗議した。地方名主が「権威をもって押しつける」なら絶対に認めることはできないと「ちょうり」小頭の職を賭して闘った。ただ「ひにん」の側が「ちょうり」小頭の主張に納得していたかどうかはわからない。

北関東の村では「ひにん」の数は少なく、甚右衛門配下の「ひにん」は二、三軒しかなかった。したがって番人の仕事は「ひにん」だけでは勤めきれず、多くは「ちょうり」が担っていたであろう。

「ちょうり」たちは所持する田畑を増やしていった

和名村の「ちょうり」たちは税のかからない(除地)屋敷地とともに田畑を所有していた。しかしそれは地方百姓たちに比べて数も少なく下々《げげ》畑など条件の悪い土地が多かった。また「むら」のなかでも田畑を持っていたのは一部であって「むら」内でもはっきりと格差があった。

表Ⅰ-2　延宝六(1678)年の田畑所有状況

	下田			中畑			下畑		
	反	畝	歩	反	畝	歩	反	畝	歩
甚右衛門		1	24					5	
与五右衛門		4	20						
彦右衛門			24		6	20			11
惣兵衛		1	17						
久作		2	14						
瀬兵衛			18		6	8			
佐治右衛門					1	24			
計	1	1	27	1	4	22		5	11

延宝六（一六七八）年の検地帳を見ると和名村の「ちょうり」七人が「皮屋分」として田畑合わせて三反二畝の田畑を所有していた（表Ⅰ－2参照）。

当時の部落の軒数がわからないが二〇軒前後と推定されるので田畑を所有できたのはほんの一部であった。この所有状況は百年後の明和七（一七七〇）年の名寄帳を見てもほぼ変わっていない。これを和名村全体の百姓と比較すると百姓の軒数がわからないが検地帳で見ると四七軒と考えられる。当然に上田、上畑が多いが、百姓所有の田畑は合わせて三八町四反九畝二二歩であった（百姓にも田畑のない者はいた）。

しかし天明の大飢饉を経た寛政の頃から百姓たちの生活は苦しくなり、田畑を担保に金を借りるようになり、名主や富裕な百姓からだけでなく現金収入のあった「ちょうり」からも借りるようになった。借金は結局返せず担保の田畑は質流れして「ちょうり」の手に移っていった。甚右衛門家では一代甚右衛門千助の時代に多くの田畑を取得していった。幕末には和名村の「ちょうり」たちは五町前後の土地を持つようになっていた。これに対し生活が苦しくなってきた百姓たちから万延元（一八六〇）年「ちょうりが田畑を所持しているのはちょうりの職分から言って心得違いなので昔から持っていた田畑（縄請地）を除いてその後得た質地、質流れ地は残らず返せ」と要求された。

「これまで長年持ってきたものを今更急に返せと言われても困るのでそのままにしてほしい」と何度も願ったが聞き入れてくれず、「言うことを聞かなければ御地頭所様にも申し上げ、厳重の取り計らいをしてもらうと権力をかさに」要求するのでやむを得ず訴訟にふみきった。この訴訟は六月に始まり翌年二月に最終的に示談で解決するが、百姓側の不当な要求と不誠実な態度でこじれにこじれ、「ちょうり」側は半分の土地を奪われてしまった。結果として二町三反余は「ちょうり」分として確保できたが、二町六反余は百姓にとりあげられてしまった。

この訴訟は所持する土地を半分もとりあげられてしまったものの「ちょうり」たちには許されない、負けられないものであり全力で闘ったのである。しかし費用に八一両も費やし、土地も取り上げられしまったことは無念なことだった。

この訴訟のあと当時の一三代甚右衛門が地頭領主役所に差し出した書上げを見ると表の通りになる。（表I-3参照）これを見ると土地を半分以上奪われたとは言え延宝、明和の頃にくらべて少ないとは言え田畑を所有していた「ちょうり」は二五軒中一九軒になり「むら」全体で縄請地が二反九畝二〇歩、質地、質流れ地が二町七畝六歩で合計二町三反六畝二六歩となり、このなかで甚右衛門家は一町三反五畝一〇歩で半数を越えていたことがわかる（訴訟の示談書の数字と合わない

表I-3 万延二(1861)年田畑所有状況　上段は縄請地、下段は質流れ地

	中田			下田			中畑			下畑			下々畑			その他			合計			
	反	畝	歩	反	畝	歩	反	畝	歩	反	畝	歩	反	畝	歩	反	畝	歩	町	反	畝	歩
甚右衛門						22					5										5	22
	2	5	24	1	5	13	1		24	1	7	1	5	2	12		8	4	1	2	9	18
仙太郎					1	22		1													2	22
辰之助					1																1	
														9	12						9	12
栄治郎						24		3	29												4	23
														3	14						3	14
冨士五郎					1	17															1	17
														5	25						5	25
寅松								2	8												2	8
久米治郎								4													4	
倉治郎								2	27			11									3	8
与助					1																1	
重蔵					1	12															1	12
伊之吉					1	14			14												1	28
													1							1		
清太郎																						
					2	6		1	18					1	2						4	26
弥助																						
													1	5	5					1	5	5
兵蔵																						
								3	3						15						3	18
勇吉																						
														1	16						1	16
夏治郎																						
						28								4	7						5	5
冨八																						
											7	7									7	7
浜吉																						
											4	3									4	3
吉三郎																						
														7	7						7	7

が元地主が質の元金を払って請けもどすなどいろいろ動きがあったと思われる)。

草履づくりは「ちょうり」の仕事

全国的に部落産業として履き物の製造販売が知られている。江戸時代、弾左衛門は雪駄と竹皮草履の製造販売を「ちょうり」の職分と主張し幕府から認められていた。和名村では雪駄はつくっていなかったが竹皮草履は全戸でつくられていた。これは地元でも小売りされたが浅草の問屋にも運ばれた。

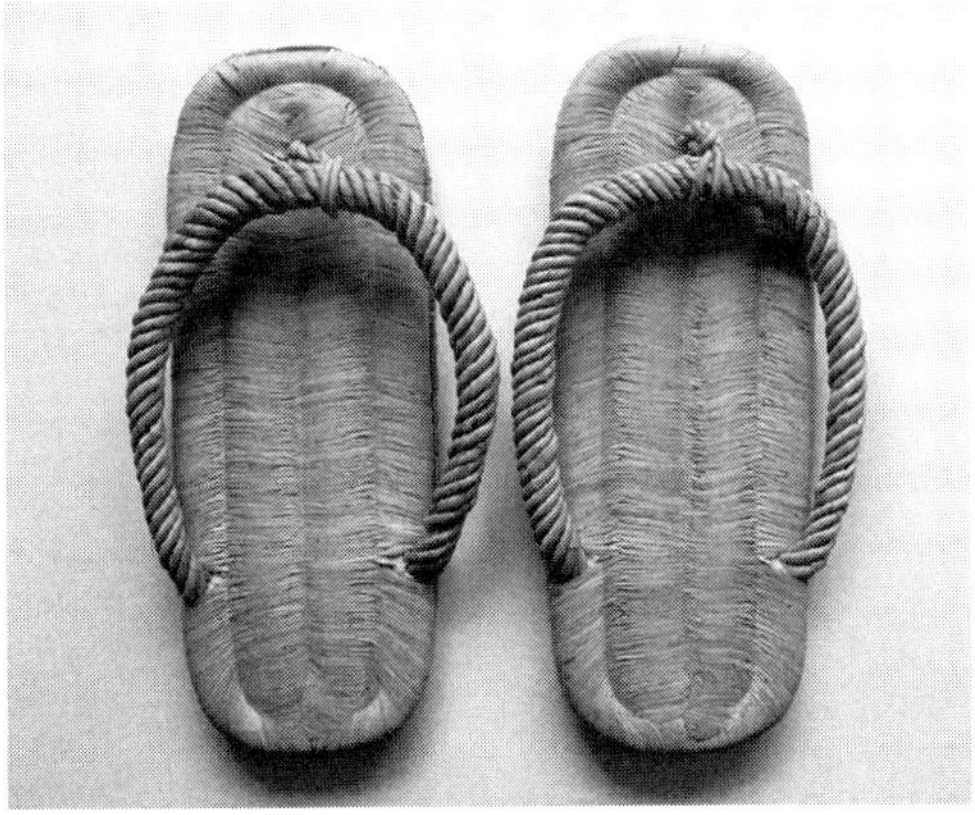

竹皮草履

年月日不詳であるが「渡世向書上げ」(表Ⅰ-4)という史料がある。登場する人物から考えて明治四(一八七二)年のものと思われるが、当時甚右衛門以下、村の全戸が草履をつくっていた(浜吉は草鞋つくりとあるので草履をつくっていない可能性はあるが)。これを見ると和名村の「ちょうり」たちが縄請地、質流れ地の耕作の他に小作をしていたことがわかる。また田畑手づくりが主で草履づくりが副業の人々と草履渡世が主で田畑小作の方が副業と考えていた人々がいたようだ。

表I-4 農間渡世

		縄請け地	質流れ地	小作地	
甚右衛門	手作り農業渡世農間草履作り渡世	○	○		1町5反
源太郎	〃	○	○	○	1町2反
辰之助	〃	○	○	○	7反
幸三郎	〃		○	○	9反5畝
冨士五郎	〃	○	○	○	1町2反
弥助	〃		○	○	1町2反5畝
兵蔵	〃		○	○	5反3畝
重蔵	〃	○	○		5反
清太郎	手作り農間草履作り渡世		○	○	5反
久米治郎	〃	○		○	5反5畝
源吉	〃			○	5反
幸治郎	〃			○	5反7畝
勘蔵	〃		○	○	5反
春吉	〃	○		○	5反
寅松	草履作り渡世但し小作仕り候			○	1反1畝
仙太郎	〃			○	2反5畝
勇吉	〃			○	8畝
倉治郎	〃			○	3畝
音松	〃			○	2反4畝
栄太郎	〃			○	4反
後家きみ	〃			○	2反
浜吉	草鞋作り渡世但し小作仕候			○	1反
後家みよ	屋敷地手作り草履作り				3畝

※史料の人物の順番は一部入れ替えてある。

第4章 きびしい差別があったが

①百姓と紛らわしい格好をするな

「戌年御触書」と呼ばれた安永の「えた・ひにん等取締令」が安永七(一七七八)戌年に出された。

一　近来「えた」「ひにん」等の風俗が悪くなり百姓町人等に対し法外の働きをし、百姓と紛らわしい身なりをして旅籠屋、煮売り、小酒屋等へ立ち入り、見咎めるとうるさく文句を言うので百姓、町人たちは外聞を気にしてそのままにしておくのでますます増長している。……百姓、町人に紛れようとするものはきびしくお仕置きする。

(『御触書天明集成』意訳)

これは幕府が「えた」「ひにん」を取り締まるための基本的な触れと考えられている。一般的には差別が強化、明確になったという史料であるが、当時「えた」「ひにん」が百姓と同じような身なりをして今風に言えば居酒屋に出入りしていたという史料である。しかし居酒屋、平人がそれを見咎めたが彼らは言うことを聞かなかったので幕府が公的にそれを禁止した。この順番は幕府が禁止したのを「えた」「ひにん」が無視したので百姓・町人が見咎めたのではなく、百姓・町人が見咎めたのを幕府が公認して全国に周知したということである。しかし触れは出されても時間が経つと忘れられていく。そのため同じような触れが何度も出されることになる。

安永の触書が出されると和名村では次のようなことが起きた。

甚右衛門の職場の一つであった古名村では例年、「ちょうり」の小頭たちが名主のところへ年頭のあいさつに出かけていた。ところが翌安永八年、新年のあいさつに行くと幕府の触れを受け次のように申し渡された。

これまでは新年のあいさつの時に「ちょうり」たちが心得違いをして台所に入っていたが、本来格外の事とは思いながら正月で土産も持ってきていたので、そのまま祝いの餅などを遣わしていた。しかし戌年のお触れが出たことであり、これからは台所には入らず庭先でやりとりするよう名主から指示されたと言う。

これに対し「ちょうり」たちはそれなら年頭のあいさつに行かない、「ひにん」も「物もらい」に行かないと抵抗した。しかし「ひにん」の角兵衛が頼まれた仕事をしないというので怒った名主は、自分は老中板倉佐渡守様から任命された内山様から野回り役を命じられ苗字帯刀も許されており、お前たちとは身分格式が違うと権力をかさに叱りつけたので、仕方なく甚右衛門、角兵衛の名で「詫び証文」を提出させられた。

②百姓の子どもに対しても無礼があってはならない

文政八（一八二五）年八月、和名村では村役人から「ちょうり」たちが以前と違い「不行跡の立廻り」をしているととがめられ（「察当」）、「えた」一同として村全員の連名押印をして「御地方御役人衆中様」あてに請け書を出させられた。内容を意訳をふくめて紹介すると次のようになる。

一　御百姓様の田畑が樹木で陰ることのないよう気をつけます。
一　地方（村）の役人は勿論、地方衆、子どもに至るまで失礼などなく敬います。
一　牛馬を借りても当村は勿論隣村でも牛馬に乗ることはしません。また馬草場で草を刈ることはしません。
一　地方から仰せ渡されたことは何事によらず三日以内に勤めます。
一　田畑に近道したり勝手に土盛りをしたりしません。
一　村内で傘、下駄、日傘は使いません。
一　隣村に出かけるときに地方に不便をかけることはしません。
　右の箇条は小頭、組下、子どもに至るまで守るとともに小頭宅に全員を集めて読み聞かせ、子々孫々まできびしく申し伝え守らせます。

とにかく百姓身分とは対等でなく、「えた」であることをはっきりさせ、百姓の子どもに対しても無礼な振る舞いをしないことを約束させらた差別の史料である。しかし、このような無茶な要求が守られていたと見るのは無理がある。

③暴力をふるわれる

「ちょうり」を下位に見ているので百姓たちのなかにはすぐ暴力をふるう者も出た。

嘉永四（一八五一）年、武州石戸村で百姓重治郎が「ちょうり」の松五郎にかぶり物をしたり傘を用いるのは生意気だとけんかを売ってきたが相手にしなかった。次に出会った時には傘をこわしなぐりかかって（「打擲」）きた。重治郎は「ちょうり」たちが傘、羽織、脇差などを着用しているのを見つけたら松五郎と同じくなぐってやると村を徘徊するようになった。名主に訴えると、「ちょうり」が傘を使用するのは禁止とされてしまった。そのため町奉行所に訴えると傘の使用は認められ、重治郎は酒に酔っていたため傘にぶつかりこわしてしまったので謝るということで示談となった。この事件は「ちょうり」側が一札（「詫入れ申す一札の事」）をとって解決したものの「ちょうり」たちにとっては実を取って名を捨てる解決となった。泣き寝入りさせられた者も多かったと思うが、百姓たちの暴力に当事者に訴え、名主に訴え、さらには町奉行所へ訴え闘っていた。

④「ちょうり」は土地を返せ

以前の部落史研究で「ちょうり」は田畑を所有していなかったとされたこともあるが、「ちょうり」たちが江戸時代初期あるいはそれ以前から田畑を所有していたことが各地の史料で裏付けられている。また公的には土地の売買は禁止されていたが実際には質流れ（質地）という形で百姓たちから田畑を集めた「ちょうり」も少なくなかった。ところが幕末になり経済的に苦しくなってきた百姓たちが「ちょうり」には「ちょうり」の仕事があるのだから田畑を返せと要求する事件が各地で起こった。万延元（一八六〇）年の和名村の件は前述したが、近隣の村でも同様のことが起きていた。

文化九（一八一二）年には和田村で、天保七（一八三六）年には荒木村で百姓たちが「ちょうり」の田畑をとりもどそうとした。

和田村では旗本領が川越藩領に領分がえになったことを機に村役人から「ちょうり」が田畑を所持するのは認められないので村役人持ちとするとし、さらに年貢の増税と新たなきびしい規則を持ち出された。そこで他村では「ちょうり」の土地所有は認められており、土地を持てないなどということはこの村だけの話だと抗議し、川越藩に訴え出た。この件については結果は史料がないのでわからない。

荒木村の一件は天保大飢饉の最も大変な年の天保七年に起きた。百姓たちも大変だったろうが、「ちょうり」には「ちょうり」の職分があるので小作地はもちろん質地、譲り地はすべて百姓側にもどすよう要求してきた。この件は弾左衛門役所を通して江戸町奉行所へ訴え出て、結果は示談（「熟談内済」）ということになった。町奉行所は百姓たちの主張を「心得違い」とし、質地、譲り地ともに「ちょうり」の権利を認めた上で、百姓も困っているので「小作地」の田畑の一部を一年間だけ百姓に耕作を認める、そのかわりに、この争いで「ちょうり」たちが畑の手入れができなかったので年貢の補助として五両を村役人から「ちょうり」側に出すという判断を示した。

江戸時代の差別はきびしかった。しかし常に我慢し泣き寝入りしていたわけではない。酒を飲んで百姓とトラブルになる事件も少なくなかった。結果は「ちょうり」側が謝ることになる例の方がほとんどと思われるが、差別的言動には黙っていなかったであろう。また、村で相談し、相手方に申し入れしたり、名主や領主に訴え出る、さらには弾左衛門役所を通して町奉行所に訴え、訴訟として解決することも当然のことと考えていた。

第II部

武州小頭甚右衛門の世界

一人の信仰心の厚い百姓（農民）がいた。彼は百姓（農民）でありながら江戸時代の身分制社会の中では「えた」、「ちょうり」身分に位置づけられ、差別される存在であった。また一方で彼は「ちょうり」の仕事にも誇りを持っていた。彼は人生で何回も廻国巡礼に出かけた。もちろんこれを信仰心だけで説明することはできない。それを可能とする財力、知識、好奇心などが背景にある。彼は江戸時代の有名な旅行者菅江真澄と同時代人である。

武州和名村の「ちょうり」小頭一一代甚右衛門鈴木政徳（千助）がその人である。

11代甚右衛門政徳（千助）の墓

鈴木家一一代、甚右衛門政徳（千助）は代々武蔵国横見郡和名村で「ちょうり」小頭を務めた家に明和六（一七六九）年に生まれた。父は甚右衛門喜平次、母ははな、兄弟には妹いね、弟彦助、他に五歳で夭折した弟嘉吉がいた。千助が生まれた時は祖父母が健在で、祖父は七六歳でまだ小頭を務めていた。父が小頭を相続するのは千助誕生の翌年で三五歳のことであった。千助が成人し小頭を相続するのは寛政八（一七九六）年二八歳の時で、息子の千次郎に小頭を譲る天保四（一八三三）年まで三七年間小頭を務め、天保一二（一八四一）年、七三歳で人生を終えた。

千助は生まれて以来亡くなるまで千助の名を使っていた。父から小頭役を受け継ぎ、息子に小頭役を譲るまでは甚右衛門を名乗ったが私的には千助を使っていた。また浅草白山神社の神主から実名として政徳を与えられてからは政徳も使っていた。この書では小頭として甚右衛門も使うが、一人の「ちょうり」の生涯を追うということで千助の名を統一的に使った。

第1章 諸国巡礼の旅人

1 伊勢参りの旅

「むら」と寺社参詣

江戸時代中、後期、庶民は伊勢、金毘羅や各地の札所巡りなど広く寺社参詣の旅に出るようになった。それは信仰目的ではあるが、温泉湯治や名所旧跡を巡る旅と同様人々の娯楽でもあり、観光（物見遊山）の旅でもあった。各地の「むら」の人々も他の庶民と同様寺社参詣の旅に出ていた。「むら」だけでなく庶民の信仰目的の旅は幕府も禁止できなかった。

一方寺社参詣と称してそのまま「むら」からいなくなる「欠落」の例も少なくなかった。さまざまな理由で「むら」から逃げ出す「欠落」は平人の世界に紛れることになり禁止されていたが、「むら」からの「欠落」は多かった。「欠落」した場合、報告し、探して引き戻す責任が「むら」にはあった。「欠落」の旅についてはあとでとりあげるが、ここでは信仰目的の寺社参詣につい

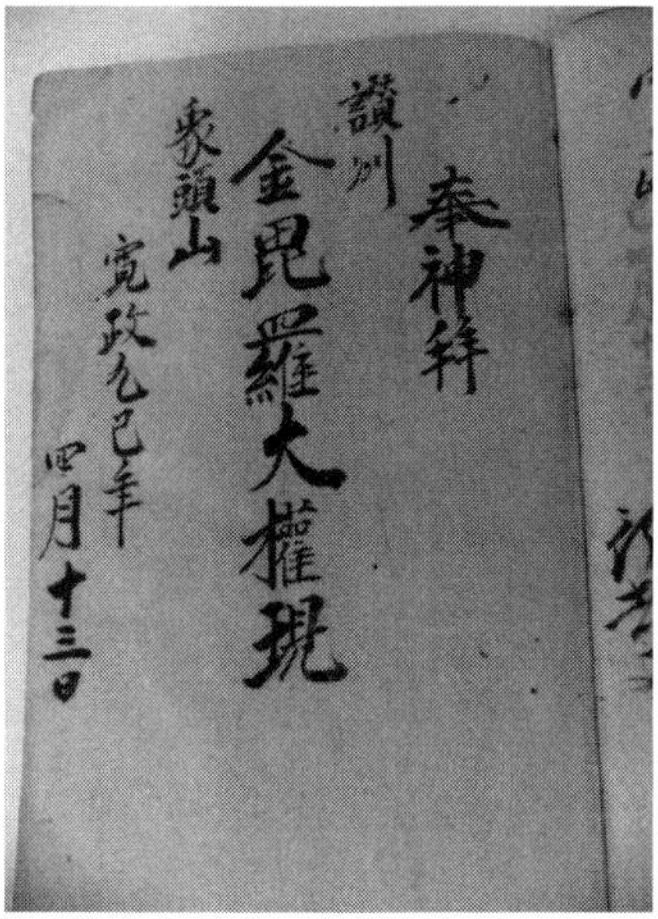

寛政９年・金毘羅大権現の朱印

寛政９年・納経帳

て見てみたい。

和名村「ちょうり」の寺社参詣

「鈴木家文書」には寺社参詣に関する史料が豊富にある。西木浩一さんが和名村「ちょうり」の寺社参詣の特徴を三点にまとめている（「近世武州における〈長吏〉の廻国順拝」、『人民の歴史学』八六号）。

①小頭甚右衛門のみならず、組下の「ちょうり」も相当頻繁に参詣旅行を行っている。

②参詣先は秩父・大山・妙義・富士から伊勢・四国・恐山に至るまで、遠隔地を含み、かつ多様である。

③和名の共同体構成員による「門送り」「留守見舞」「酒迎」*1が行われていた。

甚右衛門家には納経帳（朱印帳）が一三冊残され

ているが、その内六冊が一一代甚右衛門のものと考えられる。これを見ると浅草弾左衛門役所への出張のついでもふくめて関東の寺社に何度も参詣しており、時に次章で見るように遠く北陸から東北を廻る大旅行もしている。納経帳を見ると物見遊山の要素はあるものの基本的には巡礼、信仰を目的とする旅であったことがわかる。

伊勢参り

伊勢参りは近世後期、人々の一生に一度はという願いのもと、老若男女がこぞって伊勢に向かった。全国から毎年数十万人、おかげ参り[*2]の時は数百万人の人々が参拝した。和名村の人々も伊勢参りに出かけている。一一代甚右衛門千助の伊勢参りを中心に和名村の人々の伊勢参りの様子を見てみよう。

千助が伊勢に行ったのは寛政九(一七九七)年、二九歳の時であった。

二月二七日、出発して三月一二日に伊勢神宮に参拝し、四月一三日には金毘羅を参拝している。伊勢神宮は江戸時代、被差別民は穢れているので彼らにお札を渡したり、宿にとめたりしてはならないとの禁止令を出していた。しかし伊勢の御師[*2]たちのなかには被差別民であることを承知のうえ各地の「むら」を回りお札を渡し、伊勢に誘っている者もいた。和名「むら」ではこの年千助を中心に伊勢講がつくられた。伊勢講はみんなで金銭を出し合い交代で伊勢に参拝するものので、近村の志水村と一緒になり、一六人で毎年二人ずつ参詣することを決めていた。出かけた人間はみんなを代表してかわりに伊勢にお参りしてお札をもらってくるという代参講であった。千助はその第一陣で同行者が誰かはわからないが二人で出かけ、行きは中山道、帰りは東海道を通ったと思われる。この時の納経帳の後半が欠けているため全部を復元することはできないが、この時参拝した主な寺社をあげてみよう。

納経帳の最初はいつもお参りしていた上州の山名八幡宮であった。その後、妙義神社から碓氷峠、和田峠を越え、木曽に入り、寝覚ノ床にある臨川寺に寄り、尾張の甚目寺、津島神社などに寄った。伊勢神宮にお参りし、神宮の別宮の瀧原、瀧原並大神宮にも寄った。熊野の那智大社、阿弥陀寺、紀州の道成寺、紀三井寺から高野山奥院まで行った。大坂の住吉大社を経て奈良に入り、当麻寺、壺阪寺、吉野山を経て多武峰、岡寺、橘寺、長谷寺、大三輪神社、法隆寺、薬師寺、唐招提寺、西大寺、興福寺南円堂などを回った。山城国に入り宇治平等院、万福寺、醍醐寺を経て近江の石山寺、三井寺、日吉神社から比叡山に登り、鞍馬寺から京都に入った。上下の賀茂神社、六波羅蜜寺、清水寺、革堂行願寺、石清水八幡から播磨に入り、西宮神社や住吉大神宮などを経て四国に渡り、金刀比羅宮、善通寺を回った。帰路は播磨の書写山円教寺から丹後福知山の伊勢神宮の元宮と言われる豊受大神社と皇大神社にお参りした。残念ながらこの後が欠けていてその後どこを訪れたかがわからないが東海道を経て五月末ごろ帰村したと考えられる。この寺社参詣の内容を見ると信仰の旅とは言え現在の修学旅行、観光旅行と同様学びの旅であり楽しい旅であったのではなかろうか。千助は「讃州金毘羅参詣覚え帳」を残していて餞別、留守見舞い、酒迎えをもらった人の名前と金額またはもの（そうめん、たばこ、茶など）をくわしく書き残している。

この三年前、父の一〇代甚右衛門喜平次が弾左衛門役所に「伊勢参宮ならびに讃州金毘羅其のほか諸国神社仏閣参詣」を願い出て許され、九月三日に出発し一二月末に帰村した。千助は当然に父から旅の様子を聞いていたであろう。コースに多少の違いはあるものの父も中山道から同じような場所を巡り東海道経由で帰っている。父は「讃州道中宿帳」を残しており、それを見るとどこに泊まり宿代がいくらだったかがわかる。多く木賃宿を使っていて、例えば

一四五文　　　　　　　うぬま（各務原市）
三三二文　米二合　　　両国屋新助
一三二文　五合　　　　白子《しろこ》宿（鈴鹿市）
二八文　木ちん
一三百文　　　　　　　高野山
一百二〇文　　　　　　くらま　一とや勘左衛門

このようにところどころで自炊用の米を買っていたこともわかる。木賃の宿賃は四〇文前後が多く、百文を越える宿は安い旅籠を利用したと思われる。また高野山では宿坊にとまったと思われるが三百文も払っている。一方金額の記述のない個人名の宿もあり「むら」の家や百姓家などに

表II-1 伊勢参宮の餞別と土産

村	名前	金額	土産
和名	富蔵	餞別二〇〇文 留守見舞一〇〇文	町箱祓、小重二、上手拭一、上茶碗一 箸一、小櫛一、付木二把、鈴一
和名	幸吉	餞別一〇〇文	祓一、並手拭一、箸一、付木二
和名	林蔵	餞別二〇〇文	町箱祓、上手拭一、上茶碗一 小櫛一、箸一、付木二、鈴一
和名	非人喜八	餞別一〇〇文	祓一、並手拭一、箸一、付木二
和名	伊之吉	餞別二四文	下扇子一
女影	治郎右衛門	餞別　二朱 留守見舞二〇〇文	尺八寸三、上手拭一、小櫛二 箸一、付木二 御祓、秋葉山、津島
女影	清右衛門	餞別三〇〇文	上重二組、上手拭い一、御祓、津島、箸 櫛一、秋葉山、付木二
岡	禅蔵	餞別一〇〇文	御祓、並手拭一、箸一、付木二
関根	新右衛門	餞別一〇〇文	御祓、並手拭一、箸一、付木二

宿を頼んだのであろうか。

若者たちの伊勢参り

「鈴木家文書」に「文政十三年正月　伊勢参宮諸入用覚帳」という史料がある。これは文政一三(一八三〇)年の正月九日から二月九日まで和名村の若者六人が近村の若者五人を誘い、一一人で伊勢参りをした際の餞別金額とそれへのお返し(土産)を書き並べたものである(一部は伊勢で別れ、金比羅まで行って、二月二八日に帰村している)。近村の若者は父千助たちが伊勢講を組んでいた「むら」の者だが年齢はわからない。和名村の若者の年齢は人別帳からわかり、千助の次男直次郎が一七歳、あとは配下の組下の息子たちで伊之助(三男)一七歳、長蔵(三男)一八歳、銀治郎(次男)一七歳、宇之助(次男)二〇歳、与助(長男)三三歳であり、近村の者も同世代と考えられる。一人与助だけが三〇代で、若者たちの引率役と見られる。この一行の構成を考えると、和名の「むら」では伊勢参宮が成人への通過儀礼になっていたと思われる。なおこの年は五百万人が参加したと言われる文政のおかげ参り[*3]が起きた年であるが、若者たちはおかげ参りが始まる前に伊勢を往復している。

餞別、留守見舞いなどあわせて和名村では二七軒分、四貫一七二文と酒六升、他に火つけ用の付け木などをもらい、親戚筋の女影村から一四軒分、二分二朱二貫一〇〇文をもらい、他の村々からも一四軒分一貫二六四文をもらっている。それぞれの金額に応じて土産を配分しており、そこには百姓であれ、「むら」であれ、変わらない江戸時代の伊勢参宮の姿がある。

一部を例としてあげておこう(表Ⅱ-1)。

少し説明すれば、伊勢神宮のお札は祓(大麻《たいま》)と言う。お札を大量に求めるには箱入りのものがある(御祓箱と言われ、宮笥《みやけ》の語源とも言われる)。土産は軽いものがいいし、旅の初めに買ってしまうと後が大変であるから、帰途に、しかも帰村直前にまとめて買うこともある。秋葉山、津島は東海道筋の秋葉、津島両神社(神社になるのは明治以降)のお札と考えられる。櫛は中山道薮原宿名物のお六櫛だろうか。また八寸のものさし(尺)は頼まれて小田原あたりで購入したものか。付木は着火用の木片、手拭や箸なども軽いとは言え伊勢で買うと重くなるので帰村直前に購入したものではなかろうか。

＊1　門送り等　旅に出れば一月以上留守することもあり、むらでは家々が餞別、見舞いとして金品を送った。これを門送り、留守見舞い、酒迎えと言った。村民が集まって出発を見送り、帰ってくれば酒

を用意して無事の帰村を祝う。また留守中家族が困っていないか様子をうかがい見舞いの金品を送ったりしていた。

＊2　御師　伊勢、熊野、富士山、大山、羽黒山など特定の寺社に属し全国を回ってお札を配り祈祷などもして信仰に誘い、巡礼の引率も行った。地元では宿坊を営み巡礼者を泊めた。一般には「おし」と言うが伊勢の場合は「おんし」と呼ばれた。

＊3　おかげ参り　江戸時代、六〇年に一度ぐらいの間隔で数百万規模の民衆が伊勢参りを行った。お札が空から降ったなどがきっかけと言われるが原因はよくわからない。民衆の不満のはけ口になったとも言われ、沿道では食事や宿の提供が行われた。幕末の「ええじゃないか」はこのおかげ参りの伝統を利用して政治的に引き起こされた混乱と考えられている。

2　東日本の観音巡り

文政六(一八二三)年、千助は近隣の女影村治郎右衛門、高坂村庄三郎、関根村廣右衛門を誘い四人連れで「諸国神社仏閣拝礼」の旅に出かけた。「諸国神社仏閣拝礼帳」という納経帳を持ち、参詣した神社仏閣で「納経」し、朱印をもらっている。六月二七日に村を発ち、七〇日目の九月五日に帰宅したと書いているが、九月六日の浅草寺の朱印があるので帰宅は一、二日ずれていると思われる。この納経帳をもとに巡礼の旅の概要を見てみよう(表Ⅱ-2)。

月	日	場所	現在の地名
	19	加波山神社	桜川市
	19	足尾神社	石岡市
	20	筑波山中禅寺大御堂(坂東札所廿五番)	つくば市
	20	峰寺山西光院	石岡市
	21	南明山清瀧《きよたき》寺(清瀧観音、坂東札所廿六番)	土浦市
	22	安穏寺	結城市
	23	鹿嶋奥院	鹿嶋市
	23	鹿嶋神宮	鹿嶋市
	23	息栖《いきす》神社(鹿嶋、香取と並ぶ東国三社の一つ)	神栖市
	24	円福寺(飯沼観音、坂東札所二十七番)	銚子市
	25	香取神宮	香取市
	26	龍正院(滑河《なめかわ》観音、坂東札所廿八番)	成田市
	26	成田山新勝寺	成田市
	28	千葉寺(坂東札所廿九番)	千葉市
	28	笠森寺(笠森観音、坂東札所三十一番)	千葉県長南町
	29	清水《きよみず》寺(清水観音、坂東札所三十二番)	いすみ市
9	1	清澄《せいちよう》寺	鴨川市
	2	那古寺(那古観音、坂東札所三十三番)	館山市
	3	鋸山日本寺	千葉県鋸南町
	4	鹿野山神野《じんや》寺	君津市
	4	高蔵《こうぞう》寺(高倉観音、坂東札所三十番)	木更津市
	5	愛宕神社	以下、東京都
	5	芝神明宮(芝大神宮)	
	5	永代寺(富岡八幡宮の別当寺)	
	5	五百羅漢寺(明治に本所から目黒に移転)	
	5	柳島妙見山法性寺(近くに妙見山能勢妙見堂あり)	
	5	亀戸天満宮	
	6	浅草寺(浅草観音、坂東札所十二番)	

表II-2 観音巡りの旅

月	日	場所	現在の地名
6	29	長谷《ちょうこく》寺(白岩観音、坂東札所十五番)	群馬県榛名町
	29	水沢《みずさわ》寺(水沢観音、坂東札所十六番)	渋川市伊香保
	29	医王寺薬師堂	渋川市伊香保
7	1	巌殿《がんでん》寺(榛名神社)	高崎市榛名山町
	2	妙義神社	富岡市妙義町
	2	中岳神社	富岡市妙義町
	3	真楽《しんらく》寺(浅間山)	長野県御代田町
	4	布引観音	小諸市
	5	善光寺	長野市
	7	戸隠神社	長野市戸隠
	12	五智国分寺(カ)	上越市
	15	雄山神社中宮祈願殿	富山県立山町芦峅寺
	22	米山《よねやま》薬師	柏崎市
	24	西生《さいしょう》寺(弥彦山中腹にあり即身仏で有名)	長岡市
	24	弥彦神社	新潟県弥彦村
	26	諏訪神社	新発田市
	26	菅谷《かんこく》寺	新発田市
	27	乙寶《おつぼう》寺	胎内市
	30	蔵王神社、蔵王寺	山形市蔵王温泉
8	2	出羽三山神社(羽黒山)	鶴岡市
	5	浮島稲荷神社	鶴岡市
	6	立石《りつしやく》寺	山形市
	8	法蓮寺(塩竃神社)	塩竃市
	8	瑞巌《ずいがん》寺	宮城県松島町
	9	青麻《あおそ》岩戸三光宮(青麻神社)	仙台市
	14	日輪寺(八溝観音、坂東札所廿一番)	茨城県大子町
	16	佐竹寺(北向観音、水戸天神、坂東札所廿二番)	常陸太田市
	18	正福寺(佐白観音、坂東札所廿三番)	笠間市
	18	西明《さいみょう》寺(益子観音、坂東札所廿番)	栃木県益子町
	19	楽法《らくほう》寺(雨引《あまびき》観音、坂東札所廿四番)	桜川市

羽黒山五重塔

出羽三山朱印

今回の旅の目的は坂東三三観音の札所巡りを中心に、遠く信州、越中、越後から奥州まで足を伸ばしたようだ。

納経し朱印をもらった寺社は五八で、現在の県名で言えば群馬、長野、富山、新潟、山形、宮城、栃木、茨城、千葉、東京の東日本一〇都県にまたがっている。その健脚ぶりに驚かされるが、すでに一〇〇日を越える伊勢神宮、金刀比羅宮などの旅をした経験からすれば何の問題もなかったのであろう。

しかし、当時千助は五五歳、現役の「ちょうり」小頭である。千助の跡を継ぐ千次郎は一六歳でまだ心許ない。

甚右衛門配下の組下が寺社参詣等で旅に出る時は「日数何日の暇」ということで小頭が許可を出し、もし帰ってこなければ弾左衛門役所へ届けることになっていた。小頭本人の旅については当然に弾左衛門役所に願書を出し許可を得なければならない。

この時期は田植えは終わり、稲刈り、麦蒔きまで相対的には農作業の負担が軽くなり、家業の薬屋の仕事が心配だったと思われるが何とかなると考えたのであろう。定例の「ちょうり」小頭としての仕事は秋から年末、正月春先が中心で、不意の事件については組頭など有力組下に小頭役の代行を頼んだと思われる。

いずれにせよ仕事も生活も経済的にもゆとりなければできないことである。

3　大山道中記

子七月四日付けの「大山道中帳」という史料がある。これを書いた甚千は甚右衛門千助である。この子年がいつかということで文政一一(一八二八)年か天保一一(一八四〇)年が考えられ、文政ならば千助六〇歳、天保なら七二歳となる。ここでは同行者で名前のわかる夏二郎、冨八、土産を買ったヲコ、シゲ、ナよなどの年齢から天保一一年、七二歳の時ではないかと推定するが、それは死の前年のことになる。

この大山詣での旅は隠居して高齢の千助が村の組下夏二郎(三一歳)、冨八(二六歳)の若者二人を連れて出かけたものである。若者と言っても二人ともすでに一家の長として「ちょうり」組下の仕事をしていた。千助は大山には何回か来ていた。まず史料を全文そのまま紹介する。括弧内は筆者の説明である。

（表紙）

子ノ七月四日
大山道中帳
甚仙

道中入用

三日
一三十弐文　店　わらぢ二足
四日立
一四拾文　高坂川　舟ちん
〃
一廿《にじゅう》文　田木川　舟ちん
〃
一廿文　坂戸角屋　酒なす割合（茄子《なす》をつまみに）

〃
一十文　道中　休ちゃ代
〃
一五拾文　根ギシ　舟ちん
〃
一壱文　初テ　それから
〃
一三十六文　町谷　めし
一十八文　中食　酒割合
〃
一四文　道普請
〃
一六文　それから
〃
一百四拾文　子《ね》ギシより馬代
はい嶋まで
〃

一廿四文　拝嶋　酒割合
〃
一八拾八文　同所川　舟ちん
〃
一十四文　それから
〃
一百七拾弐文　八王子相州屋　宿銭
〃
一廿八文　割合　酒壱合
〃
一弐文　宿帳
〃
一八文　はし銭（橋銭）
〆七百三拾壱文
五日　小名木（小名路《こなじ》）番所
一八文　包割合分
〃

一　四文　　御山道普請
〃
一　三文　　　　　参銭
〃
一　廿四文　高尾山　参銭
〃
一　廿七文　　　　　御札
〃
一　九文　　休也　くわし（菓子）
〃　　　　　久保沢
一　廿四文　中食　めし
〃
一　十六文　　　　二八（蕎麦）
〃
一　四十五文　　　所々クレル分〆
〃
一　壱文　　　　　はし

一十六文　　　　　　　　二八
〃十六文　　　　　　　　ちゃ代
〃
一廿四文　見はらし　あま酒
一壱文　　　　　　　つゑ一本
〆　弐百廿六文
六日　大山
一十弐文　　　　　　たき包（滝）
〃
一百文　　　　　　　木札一
〃
一百文　　参銭　　　御包四つ
〃
一五拾文　　　　　　小札わり合
〃
一八十壱文　　　　　御札品々遣

〃

一七十弐文　しやうぎ（将棋）

こま（独楽）

一廿八文　うす（臼）

□七つ

一十八文　たすき一

五日分

一三百四十文　大山　こまや　宿銭

一六十四文　あんま

〆八百七十五文　御山懸り分

〃　子安よりヲギノまで

一百八拾文　馬代三り（三里）

〃

一十八文　ヲギノ　酒割合

〃

一十七文　タバコほくち（火口《ほくち》）

〃

一三十文　坂下　酒割合
〃一百八拾文　田名村　宿銭
〆四百三十三文
七日　すぎやま見はらし
一八文　くわし
〃一三十弐文　八王子　二八
〃一廿八文　同所　子供ミヤケ（土産）
せんす　二本
〃一廿四文　ミヤゲ　はしわり合
〃一百三十弐文　八王子より拝嶋迄　馬代一り
〃一廿四文　かみゆへ（髪結い）

〃
一弐百文　拝嶋より町谷迄　馬代四り
〃
一廿文　はいじま　酒わり合
〃
一弐百文　町谷中村屋　宿銭
〆六百七十弐文
八日
一十六文　坂戸　タバコ
〃
一三百七十弐文　〃　手拭三筋
ヲコシゲナよ三人江
〃
一三十六文　角屋　酒わり合　なす
〃
一三十六文　中食　めし
〃
坂戸

一六十文　　　　もち廿
〃廿四文　　　　うり二つ
〃廿四文　高坂　あめ
一廿四文　高坂川　舟ちん
〃廿八文　柏崎　酒壱合
一九文　〃　同断
〃三十八文　久保　酒わり合
〃四十三文　わり　せんす
　　　　三人わり合
〃十六文　　　　せんす一本

のこり分取

十日

一廿八文　松山ニて　火打買候（たばこに火をつけるための火打石と鉄）

道中ニて捨て候。右ニ付きこれを求む

〆七百七十文

惣〆三貫七百十五文

直し金弐分ト三百十九文

道中

一弐百八十文　かし　夏二郎へ

内十六文かり　高坂舟ちん

又三十七文　柏ざき酒わり

又三十八文　酒久保わり

〆九十一文済

引〆　百八十五文かし

又外ニ百文かし内ニて

又六十文かし盆《(カ)》分

又六十文かし同冨八

休むたびに「一杯」

前日、わらぢ二足を買って準備を整えた千助は七月四日、家を出た。当時大山は六月二七日から七月一七日までの、山頂への登拝が許される、一年で最も賑やかな時期を迎えていた。近くの川を二つ舟で渡って坂戸へ着くと、早速酒を飲んだ。金を持っているはずの千助が割合(割り勘)で若者と酒を飲んでいるのは金銭のけじめはきちんとしておきたいという、彼の考えによるものであろうか。しばらく歩いて根岸(狭山市)で入間川を舟で越え、町谷(入間市扇町屋)で昼食をとったが、そこでも割り勘で酒を飲んでいる。根岸から拝島までは年寄りで足も弱っているので馬を使った。拝島で馬を降りたあと舟を待つ間であろうかまた酒を飲んだ。多摩川を舟で渡り八王子に入って相州屋に宿をとった。このころの旅籠の宿代はいい宿(上宿)で一五〇〜二〇〇文と考えられるので、一七二文はいい宿に泊まったと考えられる。そこでも酒を飲み「宿帳」と称するチップも二文払っている。この日、「それから」という支出が三回あるが、この「それから」の内容はわからない。途中「道普請」として四文支出しているが、道路の工事費用を通行人からとっていたものであろう。また、「はし銭」も橋のつけかえや維持のため徴収された通行料であろう。

高尾山に寄る

翌五日、小名木(小名路)の番所を包み金を渡して通過したあと高尾山に向かった。高尾山では賽銭（「参銭」）の他、通行料（「御山道普請」）の出費があり、「所々クレル分」の四五文は乞食その他勧進に応じたのではなかろうか。前日は酒を飲みながら旅を楽しんだが、この日は山登りと長距離を歩く強行軍の日であり、「精進」の意味もあり、甘酒は飲んだものの酒は飲んでいない。昼食をとったあと二度も蕎麦を食べており、旺盛な食欲に驚かされる。この日の内に大山まで歩き「こまや」に泊まり、さすがに疲れたか「あんま」を頼んだ。後述するが千助は大山の御師宅へ唐銅灯籠寄進が行われた際、世話人として大きな役割を果たしていた。当然に大山の宿坊に泊まると思われるが、「こまや」という宿名を見ると旅籠だったのだろうか。三四〇文の宿銭は当時大山の宿坊の宿泊費（坊入）が普通三〇〇文でこれにサービス料（茶代）をとっていたことからきたものであろう。

大山詣でが終わって早速「一杯」

翌六日は雨降山大山寺にお参りすることになる。賽銭は包みに包んで四か所、百文を出した。滝でも賽銭を包み体を清め、奉納用か木札を求めた。お土産として御札を求め、小さい札は割勘にして求めた。また将棋と大山で有名な独楽、臼などの玩具も土産に買い求めた。この日は参拝したあとすぐ帰途につき、田名村（相模原市田名）まで戻った。途中、子安（伊勢原市子易）から荻野（厚木市荻野）まで三里、馬に乗り、馬を降りたあとこれまでの我慢が解けて荻野、坂下と続けて酒を飲んだ。

大山阿夫利神社(江戸時代はここに大山寺があった)

現大山寺

七日は田名村から町谷までの行程である。杉山（杉山峠＝御殿峠）の見晴らしで菓子を食べたあと八王子に入り、昼は二八蕎麦を二杯も食べた。八王子では子どもの土産として扇子二本を買い、村への土産の箸を割り勘で買った。八王子から拝島まで馬に乗り、拝島で一休みし、整髪（天保改革による値下げで二四文の店が多かった）して酒を飲んだあとまた馬に乗り町谷に宿泊した。千助は往きに一回、帰りに三回馬を利用したことになる。

土産を買わなくては

最終日の七日は村近くになり土産を探しながら旅を楽しんだ。坂戸ではヲコ、シゲ、ナよの女性三人の土産として手拭いを買った。一本（筋）一二四文もする手拭いを奮発した。ヲコは忰甚右衛門の女房こよ（三二歳）、シゲは十五歳の孫娘、ナよは甚右衛門の弟直次郎の女房（二七歳）である。坂戸の角屋で往きと同様酒を飲み、昼食も坂戸でとった。また土産として餅（餅菓子）二〇個、瓜二個、飴（これは高坂の飴売りから）を買った。昼食後、あとは這ってでも帰れる（ほど飲んではいないが）と思ったか柏崎（東松山市柏崎）と久保で酒を飲んだ。また土産が足りないことに気づいたか扇子を買っている。

悠々自適の旅

この旅は途中高尾山に立ち寄ったが当時よく知られていた大山道の一つ八王子通りに沿って往

還している。江戸時代、大山講をつくっての信仰登山は活発で、大山の御師たちも自分の旦那場を定期的に回り、大山講を広げていた。和名村を旦那場に持つ御師もいた（明治期の史料で和名村に三〇戸の檀家があったことが知られる）。

この旅全体を通して考えると千助は途中度々酒を飲み、休み茶屋では菓子を食べ、上等の旅籠に泊まってチップを払い、村人への御札などの土産とあわせて小さい子どもや若い女性のための土産も買っている。信仰の旅ではあるが旅そのものを楽しんでいることがよくわかる。また七二歳という高齢にもかかわらず途中何度か馬を利用したものの元気に歩いていたようだ。金を出しさえすれば上等の旅籠に泊まり、馬にも乗って、そこでは「ちょうり」を意識させられることはなかったようだ。千助は几帳面な性格で現役時代から書類、諸帳簿はしっかりと記録し、保存していたが、この道中帳は記載が支出順、行程順に書かれているため日記を見るように行動全体がよくわかる。それでも個別の支出の合計と〆の数字が若干違い、七二歳という年齢では当然のことではあるが付け落としや思い出せない部分があったのであろう。

第2章　千助から甚右衛門へ

1　父助命のため駆け込み訴え

事件は寛政二（一七九〇）年に起きた。当時父小頭甚右衛門喜平次は五六歳、母はなは五〇歳、千助は二三歳であった。

薬師堂建立計画

この事件は、寛政元（一七八九）年、弾左衛門役所の手代初右衛門が薬師像を拾ったとして、同人宅に薬師堂を建立したいと囲内（弾左衛門屋敷のあった浅草新町）の兵助と一緒になり、勧化帳《かんげ》（寄附集め）を弾左衛門配下の「ちょうり」、「ひにん」の村々に回したことに始まる。和名村の近村、箕田村小頭八郎左衛門がそれに迎合し、翌寛政二年七月に金を集めるために、勧化芝居を催したいと、武州、上州、野州の者に寄附を要求し、さらに浅草から役人が二、三人も行くから、人馬なども用意するよう求めてきた。苦しい事情のなか、やむをえず承知したが、突然芝居が日延べになった。たまたま甚右衛門喜平次が手下「ひにん」の欠落の報告で弾左衛門役所へ行ったところ、手代の冨右衛門から芝居の風聞があるので、近村のことだから内々に知っていることを、ありのままに申せと言われ、困ったが仕方がないのであらましを述べた。

すぐ八郎左衛門が呼び出され、芝居は中止になったが、八郎左衛門は初右衛門と共に、甚右衛門が訴え出たため百両もする芝居を中止させられたと、遺恨に思うようになった。甚右衛門を打擲し入牢百日、小頭役とりあげにしてやると言っているという話が聞こえてきた。

甚右衛門が江戸に呼び出され取り調べを受けたが、甚右衛門の主張は理解され、八郎左衛門には各地に配った勧化帳等を回収し、準備中の芝居の舞台も撤去するよう命じられた。帰村が許され準備をしていたところ、引き留められて八郎左衛門らの策略で再吟味となった。しかし持病の「疝癪《せんしゃく》」が悪化したため、一時帰村が認められたが、また呼びもどされた。八郎左衛門が芝居の話などどこにもなかったと偽りを言い、甚右衛門が反論するが、吟味中、手錠を付けての入牢が命じられた。

父甚右衛門が病気なのに浅草からは徹底して責めおとすという話が聞こえ、このままでは父は死んでしまう、さらには経済的にも困窮し、麦蒔きなどの作業もできないと千助は母のはなと相談し、これまでの経過を見れば弾左衛門役所に訴えてもどうなるかわからないので、江戸の町奉行所に訴えることを決意した。

北町奉行所へ駆け込む

はなは長文の訴え書を代書人の手を借りつつも、提出して思いの丈を訴える。事件の経過と甚右衛門の病状（「疝癪」）を書いて夫の無実と命に関わることを訴え、次のように訴えた。

私には幼年の子どもたちがいて経済的にも苦しく、（夫がいなければ）農作業もできなく年貢の上納も難しくなるので、是非なく御訴訟申し上げます。私はいかようのお咎めを受けようとも、老衰の夫一人だけはお助け下さればありがたき幸せに存じます（「我義は何様の御咎メニ仰せ付けられ候とも老衰の亭主甚右衛門ヲ偏ニ御助ケたく存じ奉り候。」）。

千助も同様の願書を携え当時常盤橋門内にあった北町奉行所へ駆け込み訴えをした。町奉行所は千助の駆け込み訴えにどう対応しただろうか。千助がそのことを母と和名村の人々に報告の手紙を送っている。

浅草新町近くの金杉の百姓家に宿を借り、雷門近くの並木町で新町出入りの（町方の）米屋から情報を得て、様子をうかがっていた。米屋から親父が入牢させられたと聞き心外の至りで、早朝に宿を出て、一〇月七日四つ時（一〇時頃）に北町奉行所へ駆け込んだ。吟味与力の秋山幸八様が早速取り上げて下され、門内で敷物と昼食、夕食も下された。浅草新町の公事宿に引き渡すと言うので、入牢させられたとしても浅草新町の公事宿はやめてほしいとお願いしたら不憫に思われ、夜一〇時頃、「ひにん」頭善七の浅草溜に預けられた。奉行所も浅草溜の役人も自分の話に同情してくれ、その後奉行所に呼び出され、弾左衛門役所(当時は浅之助役所)に「非道の吟味」がないよう話をしたので浅草新町の公事宿小嶋屋へ行くよう言われた。それでも心配だというのを大丈夫と言われ小嶋屋へ預けられた。親父は翌日吟味を受け、話はわかったということでその翌日出牢したので安心してほしい。

町奉行所のていねいな対応

これを見ると「ちょうり」の若者が一人で町奉行所に駆け込んだことに奉行所がていねいに対応していることがわかる。これがいつものことかどうかはわからない。訴えを受理せず弾左衛門役所に引き渡すこともできたと思われるが、吟味与力は食事まで提供し、千助の言い分を同情をもって聞いてくれた。千助の必死の訴えで浅草新町の公事宿ではなくとりあえず浅草溜に預け、弾左衛門役所には「非道の吟味」がないよう命じている。

この時期、寛政二(一七九〇)年二月に、弾左衛門役所では八代弾左衛門の要人が弟大次郎の不祥事(大次郎は横領等の罪で獄門)の責任を問われ、「不埒これ有り、退身の上押し込め百日」の処分を受け、四月二日に病没していた。息子の浅之助は一二歳で、手代の佐七が後見人になったが、頭(淺之助)は若年、役所内の利権、不正もからんで、手代たちの勢力争いがあり、弾左衛門役所は相当に混乱していた。

寛政の改革との関係は？

町奉行所の対応には当時の幕府が寛政の改革のさなかであったことと無縁ではないと思われる。天明の大飢饉による疲弊と混乱、田沼意次の「腐敗」政治により各地で一揆が起き、江戸でも大きな打ちこわしが起きていた。民衆の不満、不安を抑え幕府の支配秩序を回復するには幕政改革が必要であり、その期待を受けて登場したのが老中松平定信であった。改革のくわしいことは省略するが、賄賂、権力乱用などの不正を糺すため、幕府直属の役人から地方の代官、名主に至るまで粛正した。弾左衛門の弟大次郎が処分されたのもその一貫であったと思われる。弾左衛門役所のなかでも賄賂や買い占めなど不正が横行していたようで、千助の駆け込み訴えは弾左衛門役所の粛正に貴重な情報であったとも考えられる。

千助の駆け込み訴えは成功し、甚右衛門の潔白が明らかになり、芝居興行、薬師堂建立は中止された。また八郎左衛門と甚右衛門の対立は和解ということで解決した。千助たちは相手は八郎左衛門と考えていた。くわしい事情はわからないが勧化芝居の責任者は八郎左衛門の父惣八だったようで、惣八からの申し出で和解となった。

青年千助は早くから父甚右衛門を助け、父が病気や不在の時は家庭のこと、小頭の仕事など大きな役割を果たしていた。

2　所払い源六一件

寛政五(一七九三)年、千助二五歳の時である。村内に深刻な対立事件が起きた。

寺の使いに用はない

菩提寺の向徳寺が借金返済のため檀家に無尽を頼み、和名の「むら」の檀家の代表として千助の父甚右衛門喜平次が二口分一両を引き受けてきた。ところが村内で何人かが「これまで寺主催の無尽など聞いたことがない」(実際は寄進になる)と反対した。組下のなかにはこれはみんなで負担すべきものであるから、困窮者を除いて一軒につき二五九文割で集めたらと言うものもあり、そのつもりでお金を集め始めた。しかし催促しても持って来ない組下が多く、二一軒中八軒にのぼった。五軒をまとめる小組地役の源太郎まで協力しない。源六は甚右衛門の組でありながら非協力である。

向徳寺から催促の使いが来たので挨拶するよう伝えると、源太郎は「寺の使いに何の用もない」とにべもない返事。とりあえず甚右衛門は自分が立て替えて納めると言ったが、今度は向徳寺が腹を立て、例年正月に住職が村々を訪問してお年玉をくれることになっていたが、とりやめると言ってきた。それは大変ということで、八人を謝りに行かせたが、住職はとりあってくれない。八人からは小頭が行かないとだめなので、行ってくれと頼んできた。そこで八人の総代として源太郎と組下の庄八を連れて行こうとしたら、二人は体調が悪い（「不快」）と言って出てこないので、組下の治助を連れて謝りに行った。

住職からは詫び証文を八人全員の印を押して出させるよう言われ、みんなは承知したが源六だけは拒否し、周りが説得しても、金は出すが詫び証文は出さないと態度を変えなかった。話は無尽の話から毎年二月に提出する人別帳の話に広がり、これに組下全員の印が必要になるので、村名主孫右衛門にも相談すると、名主が説得してくれたが、意固地になった源六はそれも聞かない。孫右衛門は地頭（領主）へはこちらでやっておくが、弾左衛門役所は管轄外なので甚右衛門の方で処理するよう言われ、一連の経過を書き弾左衛門役所に訴えた。弾左衛門役所からすぐに源六を連れて出頭するよう差し紙が来た。

源六、所放ち（所払い）

弾左衛門役所で取り調べが行われ、人別帳の押印を拒否し、小頭をないがしろにしたのは不届きであるとして源六を所放ち（所払い）、下総国根木内村（松戸）に引き渡す。源太郎は向徳寺の無尽銭を出さず、向徳寺の使いにも「用はない」などの発言するのは「不埒」であるとして、宿預けで手鎖が命じられた。また父甚右衛門もこのように事件がひろがってしまったのは、組内不取締で「不埒」として「押し込め」が命じられた。

現在でも菩提寺の諸出費を檀家が負担することは多く、それへの不満や批判が出ることがある。当時も同じことが行われたが、寺の力と権威は今以上に強く、向徳寺は寺の言うことを聞かないものには恒例のお年玉を渡さない、反対したことへの詫び状を出せなど高圧的姿勢に終始し、それに不満を持った源六以下の人々がいたのである。

甚右衛門は村の代表として引き受けざるを得ず、不満の組下をいろいろ説得したものの成功せず、自分の職責、体面もあり、最後は相当に腹を立てたようである。

自分を主張する源六

源六は少年の頃経済的に苦しかった家計を助けるため、先代甚右衛門の時(千助の祖父)、甚右衛門の家で雇人として働いた経験もあった。「ちょうり」小頭にとって組下をまとめることは容易ではなく、史料はすべて甚右衛門側から見ているので、源六は乱暴で傍若無人の人間として描かれている。しかし源六には度々檀家に寄付、布施を要求し、戒名料の値上げを図ったりする向徳寺への不満とともに、甚右衛門が向徳寺となれ合って自分たちを苦しめているという不満を感じていた。

甚右衛門喜平次の押し込めは一か月で許され、源六以外の七人とは七人が詫びを入れ解決した。他の組下たちとは酒代を出して和解の会を持った。

源六は七年後の享和元(一八〇一)年に七代目弾左衛門の一三回忌法要により赦免されて帰村し

た後、妻がなくなり、その後に二六歳年下の女性と再婚し、先妻の息子夫婦とともに暮らしていた。その時はすでに千助が小頭甚右衛門を名乗っていた。

源六は帰村後もたびたびトラブルを起こしていた。文化四（一八〇七）年、酒を飲んで若者たちと源六にトラブルが生じた。きっかけは源六の二七歳の後妻たきが若者たちに悪口を言ったのを、源六がとめなかったことから始まった。多分若くて後妻に入った彼女を若者たちが冷やかしたか、無礼なことを言ったと想像されるが、若者たちは面子をつぶされたと抗議し、源六が受け付けないため、たきを世話した村内の元右衛門のところまで話が広がった。元右衛門も源六を二日に渡って長時間説得したが解決つかないため、たきの出身の長瀬村の世話人にも話を伝えた。最後は村内の葬式の折り、酒を飲みながら若者たちの前で源六の心得違いを説得し、本人もそれを認めたことを、若者たちが確認するという形で両者の顔を立てた。

その四か月後、今度は弾左衛門役所への入用銭を一軒につき二五〇文集めようとしたら、源六が年貢は出すが村の諸費用は出さないと断ってきた。組下三人を遣わして話を聞くと、勝手にさせてもらいます（「大義ながら私勝手に致すべし」）と言うことを聞かない。源六の家は生活に困っているわけでもないのに、これまでもいろいろな費用負担を断ってきていた。甚右衛門の役筋が立つよう弾左衛門役所へ訴え出たが、その後加納村の小頭が間に入ってくれて、今後は費用を負担するということで話がついたので、役所への訴えはとりさげた。

さらに文化一一（一八一四）年になると、酒を飲んで泥酔し甚右衛門千助に暴言を吐いたため村内で組合預けとし、弾左衛門役所へも訴え出た。この時は石戸村の小頭が間に入り、泥酔して前後不覚で全く記憶がなく不調法で後悔していると源六が詫びを入れて解決した。

3　大願成就を願い

これまで東日本、関東の「むら」の信仰と言うと、白山神社、白山信仰に焦点が当てられてきたが、「むら」の人々の信仰は白山だけではない。現在でも人々はたくさんの神社、寺院に参詣し、御札やお守りをもらってくるし、神棚にはいろいろな神社の御札が掲げられている。寺社参詣の際、「納経帳」に寺社、宗派の別なく朱印をもらってくる人も少なくない。

日本において人々の信仰は多神仏信仰である。唯一の神仏を信仰する人々もいるが、日本は信仰には寛容であり、様々な神や仏を信仰している。キリスト教徒でもないのに教会で結婚式を挙げるカップルも少なくない。

多くは現世利益を願う信仰であっても、信仰心に強弱、浅深があるとしても、人々は神仏を頼り、大切にしてきた。

神々を大切にした千助

甚右衛門家は信仰を大切にしてきたがとりわけ千助は熱心であった。

まず甚右衛門家が日常的に信仰する神々を見てみよう。家内には各所に神棚があり、神々（神札）が祀られ、庭には祠があった。日常的に拝礼していたと思われるが、とりわけ正月の行事は重要であり、「永代」に祭りを大切に執り行うようその段取りを記録した「永代奉祭行事覚の帳（奉祭白妙幣覚帳）」が残されている。それを見ると家内に太神宮、歳徳神、大黒天、水神、井戸神、三宝荒神、白山宮、金毘羅宮、稲荷、若宮、秋葉宮、午頭天王、毘沙門宮、宇津佐摩明王、猿田彦、光神など諸々の神が祀られていた。正月には幣を立て、注連縄《しめなわ》を張り、餅や米銭などが供えられた。このこと（覚え帳）は「子孫永々大切ニ所持致し、年々相違なく御祭り申すべく候事、万々歳代々信心尽くすべし」としている。また、甚右衛門の家には祝詞をまとめた「唯一神道」などの典籍もあり、自分たちで祝詞を上げていたのではなかろうか。

また「むら」内や地元の村の社、祠などに祀られた神々もお参りしていた。「むら」内には、白山宮、稲荷大明神、若宮大明神、あきハ山、天王山、タ門天王、ノゲ大明神、イイ玉大明神、こんぴら大権現などの社や祠があり、村方村内には、のけ大明神、天王山、稲荷山、八幡山、天神山、浅間山、飯玉山などの社や祠があった。

さらに甚右衛門家の信仰のありようを具体的に見ることができる次の史料を見てみよう。この史料は「大願祈所覚えの帳」で家族やその周辺で起こる病気や事件、妊娠、出産などに対し、日常的に願掛けをし、どこにどんな願掛けをしたか、まちがいのないように覚えとして丹念に記録したものである。前後順不同で干支だけの部分が多く、正確にはわからないが、寛政五（一七九三）年から文化六（一八〇九）年までのことが記されている。

千助が二五歳から四一歳までの記録ということになり、その間には、千助が父の跡を継ぎ小頭甚右衛門を名乗り、その一〇年後父が病死している。当初は父を中心に千助と弟の彦助が願掛けの参拝をしていたが後半は千助が願主となって参拝や物断ち、放生《ほうじょう》などをしている。

これを見ると地元の多聞天や白山、金毘羅、遠く相州大山、上州山名八幡、秩父庚申（爪龍寺）、伊勢大神宮などに願掛けして灯明、御幣、梵天（神が乗り移ったものとして祀る御幣のようなもの）などを捧げ、タバコや清酒、卵などの物断ちをし、雀やドジョウなどを放生していることがわかる。物断ちなどは例えば昼間の清酒をやめる（ウラを返せば夜や濁り酒は自由）といったように相当にざる法の感じがするが、本人たちはまじめであったのだろう。

抄出した部分には出していないが、この帳面は上州立石の琴平神社への三三日参り（連日でなく三三回の参拝）、上州山名山八幡宮への一五度参り（三年間で五度ずつ）を誓い、いつ誰（父、本人、弟など）が行ったかの記録から始まっている。忙しいので予定通りには出かけられず、約束の回数を全部守れたかははっきりしないが、約束を守ろうと努力している姿は確かである。甚右衛門家の信仰のありようを見ると単に信仰心が厚いというだけでなく、民間の宗教者としての役割を果たしていたとも考えられる。

大願成就を願って

「大願祈所覚えの帳」の文化元（一八〇四）年と文化四（一八〇七）年の項の一部を原文読み下しで紹介してみよう。

文化元年　大願の覚え
子ノ八月　吉日
　　七日ニ申し上げ候
明丑年迄ニ
一大山え　五色のぼんでん（梵天）　おいね（千助の妹、一七歳か）分
同年同時
一同所え　三尺の御刀　母人（母はな、六三歳、このあと七二歳まで生存）分
　是ハ子十月五日の夜、申し上げ候
当子年中の内ニ
一秩父庚申山え
　おんまいわたり　おいね分
一赤根（赤根で染めた茜色）三尺かねの尾（鐘の緒＝鈴などにつける布や綱）
是ハ子十月五日の夜、申し上げ候　母人分

子十月五日の夜、申し上げ候
一白山宮え　百度参リ
はぎのはし（箸）百せん（膳）上ぐべし
当年の内　母口中のぐわん（癌＝腫物ができたのであろうか）
六日の夜より七夜御とうめう（灯明）
一夕門（多聞）天王山え　母人分
子十月五日の夜、申し上げ候
一信州九頭龍山（長野県戸隠）え
御前わたり致す迄の内
なし（梨カ）立チ（断ち）物
願主　千助
母人分

文化四卯年六月
一夕門（多聞）天王様え　七夜御とう明
五色御平（御幣）
一白山宮様え　七夜御とう明

一大山え
五色のぼんでん
五色のぼんてん
彦助（千助の弟）参詣ニ上ル
同六月十八日の朝、申し上げ候
右御三社え、当卯六月十一日より当年十二月大晦日まで、ひるの内すみ酒清心（すみ酒＝清酒を精進＝慎む）申し上げ候
一金毘羅山え　卯六月十日より
当年中の内、月の十日タバコ清心
辰巳年二ケ年、月十日ニ
すみ酒清心申し上げ候
山名山
一八まん山え　当卯年中、なま大こん（生大根）清心
同じくついでヲ以て、赤根五尺かねのを納むべし
一ち丶ぶこうしん山え
卯ノ六月より当年中の内、かのへ（庚）の日、七とう（灯）上ぐべし
卯七月九日大願申し上げ候　卯十二月一日、す丶め（雀）七ハ（羽）納る
一白山宮様え当卯年より

七ケ年の内壱ケ年ニすゝめ、七は（羽）づゝ御社え御はなし（放し）差し上げ申すべく候
もっとも七ケ年めニハ、八は（羽）合わせテ、五十は（羽）御納め申すべく候
一大神宮様え大願の儀ハ
当卯年我身一代
にはとり（鶏）玉後（卵）飯す（食べる）事すべからず由申し上げ奉り候
一大山子安大明神様え
大願の儀ハ当卯年より七ケ年の内どぢやう（鰌）一升つゝ、御はなし（放し）納め申すべく候
もっとも、ふな、どぢやう、ざつこ（雑魚）、目たか（メダカ）、たにしの類共ニ七ケ年の内
手りようり致し食事致す事相つゝしみ申すべく候
もっともあいまち（過ち）ニて右の品ころし（殺し）候儀ハ御用捨願い上げ奉り候
そのほか家内他家商人出来候儀ハ食事致し候儀ハ御用捨願い上げ奉り候
右御三社
大願の儀ハ私女子くま（千助娘、二歳）病気ニ付き、母のち（乳）不足ニ付きさしない方難儀、不便《ふびん》（不憫）ニ付きいずれ食事ニても相あたりなく、又ハ薬差し合いニも相い成らず（差し障ることもなく）ほんふく（本復＝全快）仕りたく御願い申し上げ奉り候、以上

当時、家族が病気になった時など願掛けをして病気の回復を祈ることは一般的であったが、甚

右衛門家の人々の願掛けは規模が大きく、金銭的にも大きい負担があったと思われるがそれだけの経済力があったと言える。家族への愛情は深かった。

4　千助、「ちょうり」小頭となる

寛政八（一七九六）年、二八歳の千助は一一代甚右衛門を相続した。父は六一歳であった。

弾左衛門役所でお目見え

恐れながら書付をもって願い上げ奉り候

武州横見郡和名村

小頭甚右衛門忰

千助　辰二七才（二八のまちがい）

右の者、父甚右衛門近来老衰におよび、御役儀あい勤めがたく御座候につき、千助儀、平日実体に御座候あいだ、甚右衛門と改名の上、跡小頭役に仕りたく存じ奉り候。この度召し連れ参上仕り候、何とぞ御慈悲をもって小頭役儀、御目見え、なしくだしおかれ候よう、恐れながら書付をもって組下総代弥平次一同願い上げ奉り候。以上。

という願書が一〇代甚右衛門と組下総代弥平次の名前で出され、父と弥平次とともに弾左衛門役所に出かけ、弾左衛門にお目通り(「目見え」)して小頭となった。

弾左衛門も就任にあたって町奉行所へ出頭し、「お目見え」の儀式をして奉行所公認の弾左衛門となる。地方の小頭と「ひにん」小屋主は弾左衛門役所に出頭し、「お目見え」をしてその地位を認められた。

小頭役相続については「組下総代弥平次一同願い上げ」とあるように組下たちの同意が必要であった。千助が忰の千次郎に小頭役を相続させた時も「組下一同相談の上」という言葉が入っており、他村の小頭役相続でも組下一同の同意、支持があることが確認されている。

お目見えの際、弾左衛門と役所の役人に二分二百文の「進物」を出している。またそれとは別に弾左衛門の母と祖母、浅草新町の有力手代、普段世話になっている公事宿の小嶋屋その他にあいさつ回りをして進物を送っている。また弾左衛門役所に出かける際、小頭就任祝いと思われるが、餞別をもらっているので、「むら」への土産として扇箱、鰹節、楊枝、手拭い、たばこなどを用意した。「むら」に帰ってからは「役広め」の会を催したのであろう、酒一斗二升を用意している。

新小頭は早速大きな仕事に直面する。しかし成り立ての新小頭にとってはまだ荷が重く多くは父に助けられての仕事であった。

新弾左衛門後見役佐七の支配地見回り

弾左衛門役所では八代目弾左衛門死後三年の寛政五（一七九三）年に一五歳の浅之助が跡目相続した。新弾左衛門は支配下の地域を視察することになっていたが、若すぎるということだったのであろうか、寛政八（一七九六）年の八月に入り後見役佐七が見回りに行くという和名村、和田村あての差し紙がきた。和名村には八月五日に行くので駕籠かき人足、物持ち人足を出すよう、また人足が不足の場合は松山村へ頼めということであった。早速松山村に連絡し、松山村からは朝の一〇時ごろ小頭が人足の「ちょうり」、「ひにん」一二人を連れてやってきた。ところが弁当を用意して待つも二時頃になっても来ないので様子を見に行かせると、石戸村で昼食をとったということで五時頃に到着した。

弾左衛門代理の佐七と手代の冨右衛門は駕籠に乗り、幸右衛門を従え荷物を乗せた馬引き、合羽持ち一人、駕籠かき二人の七人がやってきた。それに野田村、箕田村、小見村、上州吉井村の小頭たち（実際には父や弟など代理）がつきそい石戸村の郷左衛門が案内した。「水菓子」（果物）、酒などを振る舞い、六時ごろ一行は宿泊先の和田村へ向かったが佐七、駕籠の者二人、吉井村勘四郎、松山村助左衛門の五人は和名村に泊まった。

翌六日朝六時頃、父喜平次の案内で和田村に向かった。七日に申し渡しがあるので周辺の二八か村から小頭、組下総代、手下「ひにん」一人ずつ出すよう指示が出された。岡部、深谷から川越、日高まで広範囲であった。

そこで申し渡されたのは二つの事柄であった。

新組合の結成と年貢の増徴

近年弾左衛門役所の出費が増え、絆綱銭の五割増、借金などの工夫で凌いできたが、これ以上は無理という理由をつけ、

第一に絆綱銭五割増は来年からやめ、かわりに今年は場日一日につき四〇〇文、三〇日で一二〇匁、これを今年はその内の三割を上納し、残り七割は村々に貸し付けということにし、一か月に金二五両一分（二五両につき一分ということで一%）の利息を取り立て上納すること。

第二には小頭は毎年浅草役所に年貢、人別帳などを持って年礼のあいさつに来なければならず旅費（「路用銭」）もかかるので、これからは最寄りの村、五つを一組にして一人の小頭が総代小頭として五か村分をまとめて持参すること。

以上の二点を申し渡した。

弾左衛門役所の佐七、冨右衛門らはその後、野州、上州を回り、中山道から八王子へ回り、途中再び箕田村から和名、松山、女影村などを通るということで再度駕籠かき、物持、馬その他人足の手配が命じられた。

五か村組合は和名村の地域では石戸、安生老、加納、桶川、畔谷、和名の六か村で編成された。五か村と言っても地域の事情によって柔軟に考えられたのであろう。

しかし弾左衛門役所が経済的に困り、配下「ちょうり」へ増税するための措置である。当然にさまざまな不満が出たのであろう。この新組合は二年後の寛政一〇年に弾左衛門役所から「集まって相談しても意見が一致せず、迷惑との願いが多数の村から出たので撤回する」という回状が届けられ失敗に終わった。和名村では寛政八年、一二〇匁の三割の三六匁を納めたがこの増税も一年限りのようだった。

5　差別は許さない

「虫同様のもの引き出し捨て候」

千助が小頭になるとともに解決すべき大きな課題が地元にあった。それは小頭になる二年前の寛政六（一七九四）年に起きた事件である。閏一一月、以前角兵衛のところにもいたことがある「渡りひにん」の久米七が御成橋の舟大工の店で酒を飲んでいたところ通りかかった丸貫村百姓藤八が「虫同様のものだから引き出して放り出せ」と言ったことから口論になり大勢の百姓たちから袋だたきにあった。久米七が仲間に相談して藤八の家に行くとまた袋だたきにあって名主宅にとらえおかれ、引きとりに来いと連絡があった。しかし直接支配下のものではないので引きとりを断ると、それなら佐倉（堀田相模守）の役所に訴えると言うので、それはどうぞ（「思召し次第」）と組下忠蔵に言いに行かせると、今度は忠蔵がつかまってしまった。

この時、千助の父甚右衛門は伊勢、金毘羅への旅行中であった。そのため小頭代の弥平次、九八、源太郎ら有力組下と「ひにん」小屋主角兵衛らあわせて七人が印持参で呼びつけられ、むりやり書付（内容はわからないが差別的文書と思われる）に印を押させ、久米七を引き渡された。

これに端を発し丸貫村、古名村、谷口村三か村百姓たちの「ちょうり」「ひにん」へのふるまいが悪く差別的であり（「平日非道の儀御座候」）、谷口村などは村の祝儀や祭礼などで番人を出しても食事も出さず、不都合があると骨折するほどに殴打するなど非道の扱いをしている。今後この三か村にはこの村の場主はもちろん一切甚右衛門配下の「ちょうり」「ひにん」は出入りしないことを「むら」全員の連印で確認した。役所の触れや掟を守るという請け印と異なり、唐傘連判ではないが一揆に参加するという連判状と言える。

千助が小頭に就任直後の寛政八（一七九六）年四月の「明け場取りきめ証文」という史料があるが抄訳すると次の通りになる。

一　古名村、丸貫村、谷口村三か村はすべて不法の村に候ゆえ当村一同相談の上、場主三人、手下角兵衛まで旦那場（職場）を離れ、三か村への出入りをやめる。
一　三か村のことで金銭が必要になる時は村中一同で出銭する。
一　三か村への農作業手伝いはもちろん竹皮の買い出し、草履、草鞋売りにも出かけない。
一　三か村で出た馬皮は必要の経費を除いて村の収入とする。

これに場主全員の連印がある。

「ちょうり」「ひにん」がいないと百姓たちは困る

当初の動きは千助の父喜平次が仕切っていたと思われるが、次第に千助が小頭として村役人、弾左衛門役所などと折衝することになる。

村役人、弾左衛門役所などが解決のため動くことになるが、話はつかないままこの三か村は「明け場」と位置づけられ出入りしなくなった。しかし、死馬は出るのでその処理だけはしてその収入は「むら」の収入とした。職場に入れないということは「ちょうり」「ひにん」にとっても不利益ではあったが、これまで何かにつけ「ちょうり」「ひにん」に頼っていた百姓側は相当に困ったようである。史料が寛政六年から八年までの三年間しかないのでその後の経過がわからない。

結局、一八年後の文化九（一八一二）年になり百姓側から当時「ちょうり」たちに無理矢理印を押させてとりあげた書類がどこへいったかわからず（紛失）、もし見つかったらいつでも返すことにして和名村の名主役連名で「小頭甚右衛門どの」あての済み口証文を出して解決した。普通名主が「ちょうり」に出す文書は名前を呼び捨てにすることが多いがこれは明らかに百姓側が困って三か村への出入りを願った文書であった。途中いろいろあったと思われるが、差別を認めることはできないと一八年間続けた闘いに勝利したのである。

第3章 「ちょうり」小頭として

1　御回状記録を作る

次々と来る役所からの回状と呼び出し

弾左衛門役所からさまざまな連絡文書が回状の形をとって回ってくる。また訴訟その他必要に応じ差紙と言われる出頭命令書が来ることもある。一定のルールで経路、順番が決められていて文書が伝達される。前の「ちょうり」小頭から回ってきた文書を受け取るとそれを写し、次の小頭のところに送ることになる。また時に文書に発着の時間を書く刻付け回状が来ると他の仕事に優先してすぐ作業をすることもある。回状は最後の回り留め（留め村）まで行くと全部の村に伝達されたことを確認するため役所にもどされる。

回状では弾左衛門役所からの触れや幕府、町奉行所からの触れ、用金協力、人足などの割り当て、人相書きなどさまざまな連絡、指示文書が来る。読み下しで回状、差紙の例をあげてみる。

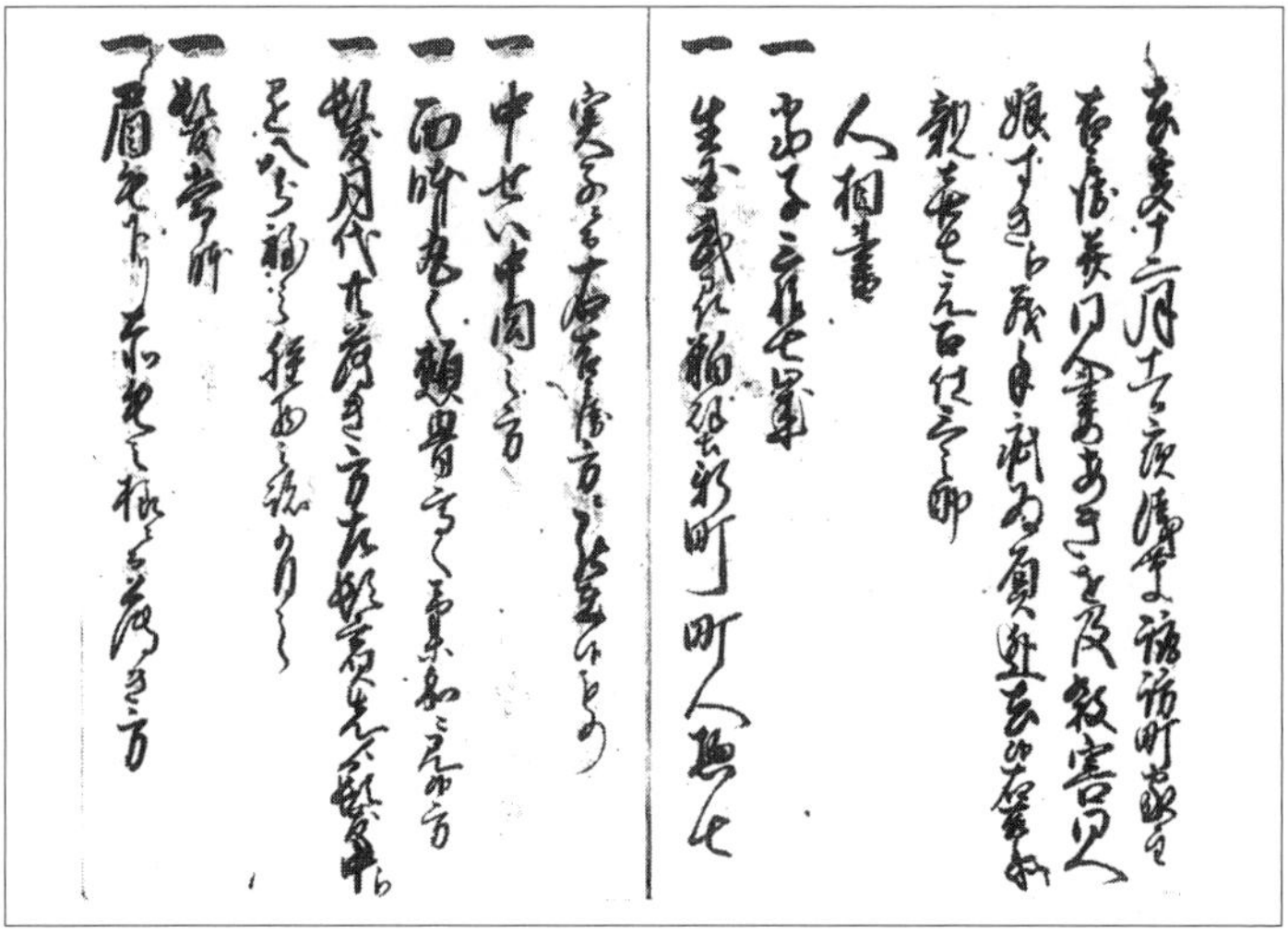

御廻状記録（人相書）

○人相書き回状（文化元＝一八〇四年）

去る亥十二月十一日夜、浅草諏訪町家主吉兵衛ならびに同人妻あきを殺害におよび、同人娘すきへも手傷負わせ逃げ去り候、右吉兵衛親喜七、元召仕え三之助

人相書

一　当子《ね》三十七歳

一　生国武州粕壁（春日部）新町町人惣七実子にて、右吉兵衛方にまかりあり候もの

一　中ぜい（背）、中肉の方

一　面体丸く、ほお骨高く、柔和に見候方

一　髪、月代《さかやき》とも薄き方、左鬢《びん》先より髪中へかけ八分ほどのはれ物の跡これあり

一　髪常体

一　眉毛下がり赤毛のようにて薄き方

一　目尻下がり細き方にて一重まぶた

一　鼻は並より小さき方
一　口、常体、上の前歯壱枚欠けこれあり
一　耳、常体
一　言舌《げんぜつ》小音にて静かなる方
一　その節の衣類、上着、木綿茶黴藍縞継ぎ給、両袖は似より候、新敷切にて取り替えこれあり、下、濃い鼠無地木綿綿入れを着、帯、竪は絹糸、横は木綿浅き格子縞
右の通り人相書、当月十四日北御番所（北町奉行所）様よりお渡しあそばされ候間、組下ならびに手下「ひにん」小屋々々に入念あい尋ね、わけて渡り「ひにん」等心づけ、右の通りの者これあり候わば、取り押さえ、早々当役所へ訴え出ずべきこと。
子の三月十五日　　弾左衛門　役所
似顔絵があるわけでなくこの程度の人相書きで大丈夫なのだろうか。外部との交流の少ない地方の村々では外から入ってくる人間を判断するにはこれで十分だったと思われる。
○弾左衛門（九代浅之助）死去の通知（文化元＝一八〇四年）回状
一お頭《かしら》当月十六日未《ひつじ》上刻（午後一時頃）、御死去なられ候間、この段組下ならびに手下どもへ洩れざるよう申し渡し、諸事神妙に相慎みまかりあり候よう申しつくべきこと。
子の三月十九日　　役所　当番
これは九代弾左衛門が二六歳の若さで病没した時のもので、配下の「ちょうり」「ひにん」

にそのことを伝え、何事も慎んで生活するよう命じたものである。

○差紙A（寛政一一＝一七九九年）

武州横見郡和名村小頭甚右衛門

組下同村源太郎

庄八

九八

権六

友右衛門

右のものども尋ね儀これある間、来月二日までに召し連れまかり出《い》ずべし。もし不参においては曲事《くせごと》（処罰）たるべきものなり。

未十月廿六日　右小頭　甚右衛門

弾左衛門役所

○差紙B（天保二＝一八三一年）

引き渡し者壱人これある間、来る二十七日までまかり出ずべし。もし不参においては曲事たるべき事なり。

夘《う》の九月二十三日　弾左衛門役所 印

小頭　甚右衛門

差紙Aは内容はわからないが和名村の小頭甚右衛門、中組の頭（小組地役）源太郎、東組の頭庄八（父又右衛門代理）と中組の組下九八、権六、友右衛門が弾左衛門役所で尋問があるということで呼び出されたものである。四年前に決着した源太郎、権六兄弟の相続争いが再燃したのかもしれない。また、差紙Bは後述のゆらを引き渡すための呼び出し状である。差紙はこのような形で必要に応じて出されていた。現在のように電話などがあるわけではないので連絡はすべて文書で行われた。なお、弾左衛門役所から小頭たちに出された文書、年貢の請取などはすべて弾左衛門役所の文字が上にあり宛先の小頭は殿や様などをつけず呼び捨てで下の方に書かれている。

江戸時代は文書主義の社会である。上からの指示、命令、取引上の売買、貸借その他基本的に文書に基づく。幕府、領主、弾左衛門役所からの触れ等は村の名主と同様、書き写し、組下、手下を集めて読み聞かせ、承知の請け印を押させる。村内のけんかその他トラブルも基本的に当事者、関係者が押印した文書で解決する。村方への年貢、弾左衛門役所への年貢、ものを買えば当然のこと必ず受取（領収書）をもらう。旦那寺への盆正月の布施の受取ももらう。また冠婚葬祭や勧化（募金）等で金品を貰ったり集めたりした場合にはすべてそれを記録していた。

そのため、文政一三（一八三〇）年、弾左衛門の屋敷が出火全焼した時、各地小頭にこれまでの触書等文書の写しを天保三（一八三二）年までに提出するよう求められた時、千助は必要と思われる書類を整理して提出した。

次の文書の表紙を見てみよう。

(合) 天保三辰年五月廿三日　[写]　記録帳え写し置き申し候
(合) 御証文の写し書きなり　[写]　二通の内なり　(合)
○　八ばん
(合) 文化十三子閏八月十七日　御役所様御初代二百
回忌御法事につき御赦免
御引き渡し　冨五郎

この史料の中身は品川の「ひにん」頭松右衛門配下の「ひにん」冨五郎が江戸十里四方追放を命じられたが初代弾左衛門の二百回忌法事の恩赦で赦免されたことに関する記録である。

文化十三（一八一六）年の史料を天保三（一八三二）年に書き写した。

これに[写]、(合)、○などの印が押されている。これについての説明がないのでわからないが[写]は原文書から書き写したこと、(合)はそれを照合して確認したこと、○はよくわからないが整理番号につけられているようだ。すべて弾左衛門役所に提出するということで何度も確認したのではなかろうか。

また「鈴木家文書」のなかでもよく利用される「享保以来廻状写し」は享保から寛政期までの

主な触書を天保三年にまとめて提出したもので、現在の研究者にとっても当時の弾左衛門役所にとっても貴重なものと言える。

2 組下証文、手下証文をとる

地方の「ちょうり」、「ひにん」は毎年二月に浅草から帰ってきた小頭の元に集められ守るべき条目を読み聞かされ承知した旨の請け印を押さなければならなかった。これを掟証文と言い、「ちょうり」は組下証文、「ひにん」は手下証文として別々にとられた。内容は「ちょうり」、「ひにん」の職分の違いで異なる部分があるが基本は同じであった。また条目も毎年ほとんど同じであったが、時代と状況による変化もあった。研究者はこれを条目請書、条々請書として整理している。

組下証文をとる

表紙に「寛政元年酉年二月日　掟証文　御触書証文」とある組下証文がある。

仕《つかまつ》り候一札の事（読み下し）

一　先前御公儀様より仰せ出され候御条目の趣はもちろん、自今以後仰せ出され候御法度の旨、堅く相守り申すべく候事。
一　盗み伐り取りならびに博奕仕る者ござ候わば申し上ぐべく候事。
一　切支丹ござ候わば申し上ぐべく候。怪しき者片時も宿借し申すまじく候事。
一　火の用心大切に仕るべく候。火事けんか口論その外何事にても不慮の儀出来候わば早々出合い、火事は火を消し、けんか口論は取り押さえ、よくよく意見仕り、用いざる者ござ候わば申し上ぐべく候事。
一　場中の儀、先格の外、新法の義仕るまじく候。年頭回り、両度の穀回りし、外祝儀、仏事等へも、思し召しこれなきところへ押して行き候、ものもらいに似寄り候体仕り、ねだりがましきも仕るまじく候。総じて仲間一同の差し障《さわ》りに相ならざるように相慎み申すべく候事。
一　安永五年の春一同相談を以て相定め置き申し候村法、堅く相守り申すべく候。総じて家職の儀はせり買い、せり売り等につき村一同の難儀相ならず候ように仕り、当所は勿論すべて仲間一同の障りに相なり申さざるようにあい慎み申すべく候事。
一　何事によらず組合へ問い合わせこれなく、取りはからえ候儀仕るまじく候。総じて組合相互にむつまじく仕るべく候。組合諸親類と不和の者これあり候わば、よくよく相糺し双方意見を加え和熟致させ候事。
一　天明四辰年、御役所様より仰せ出され候十七か条掟※の趣きっと相守り申すべく候事。

一　御公用は申すに及ばず、組役等先前仕来《しきた》り通り、差し滞りこれなきように相勤め申すべく候事。

右の条々は申すに及ばず、その外色々仰せつけられ候御法度の趣、きっとあい守り申すべく候事。もし少しもあい背《そむ》く者ござ候わば早々申し上ぐべく候。隠し置き脇より注進致され候わば、当人は申すに及ばず、見のがし仕り候者まで同断の越度《おっと》に仰せつけらるべく候。そのため毎年二月連印証文差し出し申すところ仍《よ》って件《くだん》のごとし。

以下「ちょうり」組下の印が続き（連印）、日付は寛政元（一七八九）酉年二月十八日、宛先は「甚右衛門殿」となっている。

法（法度）を守り、特にキリスト教（切支丹）の禁制、博奕、けんかなどの禁止、火事に気をつけることなどが強調され、盗み伐りとり（泥棒、強盗）や切支丹、博奕などを見つけたら報告することが指示された。なお、ここで言う組合は五人組を基本とした和名村の三つの組を指している。

※天明四年の十七か条の掟は甚右衛門家の文書では「十七か条掟証文」となっているが他では「国々長吏掟手形」と言われている。「ちょうり、ひにん」の仕事や生活の上で守るべき心構え、規則を弾左衛門役所が総合的に指示したものである。基本は身分を弁え、百姓等に無礼な振る舞いをしてはいけないということである。

手下証文をとる

「文政二（一八一九）卯年二月日　手下年証文」という史料がある。弾左衛門役所から「ちょうり」小頭配下の「ひにん」に出されたもので「ひにん」小屋頭は「ちょうり」小頭に請け状を出す。

差し上げ申す一札のこと（読み下し）

一　盗み伐りとりは申すに及ばず、切支丹ござ候わば申し上ぐべく候。博奕仕る者ござ候わば申し上ぐべく候。怪しき者片時も宿貸し申すまじく候。生類大切に仕るべく候。もっとも捨て子仕る者ござ候わば申し上ぐべく候。仏事、祝い、家作等軽く仕るべく候。総じて目立ち候儀仕るまじく候事。

一　衣類の儀は布木綿の外、糸類（絹類）一切調えおきまじく候。長道具は申すに及ばず脇差し、刀指し申すまじく候。人別帳毎年明白に相認め、組頭場主へ差し出し申すべく候。生死増減、走り（逃亡）候者早速申し上げ候事。

一　場役の儀は先前のごとく組頭、場主の下知相背き申すまじく候。役人日々差し出し斃馬等見落としこれなきよう仕るべく候。抱え非人ども髪毛毎月切り申すべく候。頭巾、覆面、被《かぶ》り物致させ申すまじく候。「ひにん」ども宿置き、諸細工商売等致させ申すまじく候。乞食一通り仕るべく候。けんか口論致させ申すまじく候事。

一　「ひにん」ども場中相回り候節、村々百姓中へ無礼仕らざるよう申し付け、差し出し申すべく候。火の用心大切仕るべく候。「ひにん」ども乞食に出候節火道具所持、先々にてたばこ致させ申すまじく候。抱え「ひにん」ども非道なる役目申しつけまじく候。他の「ひにん」断りなくみだりに差し置き申すまじく候。

一　御公用その外何義に限らずお伺い相勤め候事。

右の条々は申すにおよばず、仰せつけらる御法度の趣、きっと相守り申すべく候。もし少しも相背き候わば如何様の見せしめにもつけらるべく候。そのため毎年証文差し上げ申すところ仍って件のごとし。

当所小屋頭　角兵衛　㊞
江綱村下小屋　八五郎　㊞
前河内村同断　久蔵　㊞

文政二卯年二月日
御役元　甚右衛門殿

「ひにん」の証文も「ちょうり」とほぼ同じであるが、ここでは「ひにん」の場役、「ちょうり」の指示を受け、職場を見回り斃牛馬を見落としなく発見し報告することが強調されている。また「ひにん」の「細工」「商売」が禁止され、「場中」をまわり、その手当がわりの「乞食」が認められていたことがわかる。

3　元右衛門とまつの欠落

元右衛門とまつの欠落

「文化八年　欠落元右衛門まつ一件書付」という史料がある。

まつは深作村の出身で和名村の庄八に嫁いだが庄八が死亡して後家になっていた。娘聟の金右衛門が跡を継ぎ、まつは自由の身になったのであろう。このまつが文化七（一八一〇）午年四六歳の時、同村の元右衛門（婿養子で志水村から来ていた）六二歳と「去る午の五月十五日の夜ふと他行致し」という事件を起こした。一二月になり元右衛門の行方がわかり引きとりに行ったが、病気で動けないと言うので様子を見ていたら、また逃げ出して行方不明になった。翌年三月、元右衛門は出身地の志水村で発見され、まつも出身地の深作村で発見されたと史料には書かれている。元右衛門には妻子があり、二人の関係はあいまいにされているが両者示し合わせての行動と思われる。夫のいない女と密通、誘い出した場合、女は押込、男は手鎖となる事件で周囲は相当に慌てたと思われる。小さな「むら」の大事件でもあった。「むら」の人たちは相談し、弾左衛門役所には届けず両人を組合預けとし、二人の他出は固く禁止された。和名の「むら」は当時三つの組に分かれ、庄八、金右衛門の家は東組小組地役を勤め、元右衛門も同じ組であった。東組全員の連印で甚右衛門千助および他の小組地役と有力者に二人の他出禁止を確約した。

二人はまたいなくなった

ところが二人は六月二〇日夜、またまた欠落してしまった。千助は困ったであろう。二人の欠落はいわゆる駆け落ちであり、当然に許可されたものではなかった。そこで仕方なく、前年の最初の欠落時にさかのぼって、まつは「秩父札所参詣」に、元右衛門は「草津入湯と諸国神社仏閣参詣」に出るのを許可したが、そのあと帰村していないことにして弾左衛門役所に届け出た。その後行方はわからないままで人別帳には「参詣に出たあと今もって立ち帰り申さず候」と下げ札をつけて届けていた。ところが一一年後の文政五（一八二二）年一月、二人は相次いで帰村した。千助が弾左衛門役所に届けた訴え書で二人の説明を見てみよう。

まつの説明である。

前の願いの通り神社へ参詣をした帰り、相州愛甲郡子安（子易）村で病気になり歩くこともできなくなり、同村の「ちょうり」六右衛門を頼り、世話になり養生していたがなかなかよくならないので仕方なく同家の手伝いなどをしていたがようやく回復したので帰ってきました。

次に元右衛門の説明である。

諸国神社に参詣していた途中、備前国で郡の名前はわからないが吉井村というところで七年前の子年五月中から病気になり歩けなくなったので、同村の「ちょうり」源八と言う人を頼って世話になり養生していた。この節ようやく元気になったので、道中、物貰いをしながら一人で帰ってきました。

二人の説明ではそれぞれ別行動で旅行中病気で動けなくなり、まつは相州子安村で、元右衛門は備前国吉井村で静養していたとしているが実際はどうなのだろうか。

まつは五八歳、元右衛門は七四歳となり故郷に帰りたくなったのであろう。元右衛門の家では妻は亡くなり、娘が聟養子をとって家を守っていたが、元右衛門は帰郷後程なく死亡したと思われる。まつはその後養子金右衛門より長生きして、天保九（一八三八）年の人別帳に七四歳で健在であることが確認できる。二人が同一行動をしていたことを示す史料はない。役所への届けは二人は全く関係ないように報告されている。

しかし別行動をしていたはずの二人が、一一年後に一四日のずれがあっただけで同時に帰ってくるというのはきわめて不自然である。この謎の一一年、二人が何をしていたのか、また旅費、生活費はどうしていたのか興味深いところである。

甚右衛門千助の対応

この事件には家族親戚を始め多くの関係者がいる。とりわけ千助にとっては自分の責任問題にもなるので対応には苦慮したと思われる。経験豊富、四〇～五〇台働き盛りの千助の対応は次のようなものだった。

まず最初の欠落は当然に弾左衛門役所に届け、処分を待たなければならない事件であった。内々で収めようと考えていたらまたまた二人が欠落してしまった。本当は二人が無断で欠落したのであるが、仕方がないので二人それぞれに前年にさかのぼり、文化七年七月に元右衛門には「草津入湯と諸国神社仏閣参詣」のため百日の暇を許可し、まつには八月に「秩父札所参詣」を許可したことにした。しかしそのまま帰って来ないので欠落届けを提出するという形をとった。文政五年に二人が帰ってきたので帰村届けを出さなければならなくなる。弾左衛門役所への届けは二人分別々に出すことになるが、二人の説明が事実であったかどうかわからない。少なくとも二人が別行動をして別々に帰ってきたことにしなければまずいと考えた上での作文であったのではないか。

4　駆け落ちは許せない

文政六（一八二三）年のことである。南河原村の小頭から、南河原村の組下孫四郎の悴清次郎が甚右衛門の組下源次郎の妹とめを連れ出して欠落したとの連絡が来た。二人はまもなく村にもどったが、二人をどうするかの相談が行われた。当時は若者たちの自由な恋愛は「馴れ合い」として認められず、結婚は親同士の相談で仲立ちを立てて行うのが一般的であった。若者たちの恋愛をとめることはできないので当時も親たちが承知すれば恋愛は成就できた。しかし親の許可もなく若い男女が駆け落ちすることは認められない。二人の結婚は簡単には許されなかった。南河原村側は早く承知したと思われるが、源次郎の家と甚右衛門たちがなかなか承知しなかったのであろう。和田村の「ちょうり」長蔵、八ツ林村「ちょうり」三次郎が間に入り二人にかわってお詫びをし、甚右衛門たちへ史料のようなお詫びの一札を出し、今後とめは和名村には出入りさせないと約束した。ただ「出入り、延引」という文言からは永久に禁止ではなく、当分の間ということで含みを持たせていた。事件が起きたのが四月であり、決着したのが一一月であることを見ると相当にこじれたのであろう。二人は南河原村で結婚し人別帳にも加えられた。南河原村と和名村は離れていて二人がどこで出会ったかわからないが、とめは和名村の人別帳では確認できないので何らかの事情で早くから他村へ出ていたと思われる。

一札の事（読み下し）

一　私ども組合、孫四郎忰清次郎儀、当三月中ふと他出致し、出先にて同四月二〇日、すなわち貴殿御組下、新田上細谷村源次郎殿妹とめ儀、連れ出し、欠落致し候。しかるところ、右両人の者ども、当月居村へ立ち帰り申し候につき、右始末、承り糺し候ところ、右様、甚だ不埒の段、当御役元ならびに御村方へ対し御申し訳ござなく候（中略）今般同州和田村長蔵殿、ならびに八ツ林村三次郎殿、右衆中御頼み申し、再往御詫び言申し入れ候えば、貴殿ならびに御村方衆中御一同、御聞き済み下され、忝なく存じ奉り候。しかる上は、右とめ儀、私ども方へ貰い請け、右同人妻に仕り、人別御帳面へ書き加え申したく存じ奉り候。猶また、右両人の者儀は、以来、そこ御村方へ出入り、延引致させ申すべく候。念のため一札入れ置き申す。仍って件のごとし。

この一札の発信人は南河原村組合の庄五郎が「引受人」、和田村の長蔵が「詫言人」、八ツ林村の三次郎が「世話人」になっての三人である。宛先は「御役元甚右衛門」と「御村方衆中」であり、当事者の二人はもちろん実家の父孫四郎も兄源次郎も出てこない。

ここで当時の「ちょうり」たちの結婚について見てみよう。身分違いの結婚は認められていなかったので「ちょうり」は「ちょうり」同士で結婚することになる。関東の村では「ちょうり」の「むら」は一般的に少数散在であり、同じ「むら」のなかでの婚姻は難しい。和名村の場合、人別帳で見ても同じ「むら」のなかでの結婚は一割程度で他の村との婚姻がほとんどである。近隣の村が多いが婚姻の範囲はかなり広く、残されている人別帳（明和～明治）で見ると比企郡六か村、大里郡七か村、埼玉郡八か村、高麗郡四か村、入間郡七か村、足立郡七か村、榛沢郡一か村、秩父郡一か村、豊島郡一か村、多摩郡二か村と婚姻関係があった。

5　四回も書き直す病死届け

欠落していた組下が帰村してまもなく病死した。当然に弾左衛門役所に届けなければならないが、届けはすんなりとは受けとられなかった。

欠落した組下が二一年ぶりに帰ってきた

文政九（一八二六）戌年、千助五八歳の時である。前年一二月、欠落したあと帰村した組下新右衛門養父忠蔵（新右衛門は忠蔵の娘と結婚し、文政八年当時三四歳）五九歳が帰村してすぐ病死したという事件についての届けである。普通に病死しただけでは一々報告する必要はないが、欠落して帰村した忠蔵の死に弾左衛門役所が疑問を感じたのであろう。元右衛門とまつの件もそうであるがすべて正直に報告すると責任を問われることがあり、適当にごまかして報告することは珍しいことではなかった。忠蔵病死の件に隠し事があると疑われたためか公事宿に相談して何度も書き直して提出させられた。

翌文政九年二月一二日に自宅で書いた報告書を持って弾左衛門役所に提出した。

これによれば忠蔵が願い事（「心願」）があって「諸国神社仏閣参詣」するというので二一年前の文化二（一八〇五）年に日数一五〇日の暇を願い出たので認めた。ところが期限を過ぎても帰村しないのでその旨「訴えた（届けた）」ところ「尋ね」が申し付けられ、帰村したら問いただすよう指示されていた。ところが忠蔵は九年前から目を患い「辻貫い（乞食）」をしながら昨年の一二月一六日に一人で帰村した。元気になったら問いただそうと思っていたら一〇日後の二六日に病死した。怪しいところもないので菩提寺の向徳寺で「順阿信士」の戒名をもらい葬った。早速訴えようとしたが自分（千助）が病気になったため報告が遅れてしまったと説明した。

病死届けが突き返された

二月一二日から一五日まで毎日役所で待機するよう言われ、待っているとこれではだめと返されてしまった。

一六日四つ時（一〇時ごろ）に公事宿の小嶋屋と相談し、次のように書き直して提出した。

忠蔵は願い事があって、讃岐の金毘羅へ参詣したいので一五〇日の暇をほしいと二二年前の文化二年に願い出たので認めた。期限が過ぎても帰村しないので翌年に届けて「尋ね」が申し付けられた。昨年一二月一六日に一人で帰村した。ところが病気になったので松崎村の医師大玄に見せて薬を使ったら元気になったのでそのように届けようと思っていたら病状がどんどん悪くなり、二六日に病死した。子どもの新右衛門宅へ行って死骸を改めたら、病死に相違ないので同人の墓の側に仮埋した。

この時から忠蔵の年齢が前年に病死しているのに「戊六十才」と記載され、忠蔵の欠落は二二年前と記されている。

ところがこれも突き返された。また小嶋屋と相談し、書き直して八つ時（午後二時ごろ）に提出したがこれも突き返された。

公事宿をとりかえた

そこで千助は考えた。公事宿をとりかえてみようと。小嶋屋は和名村の定宿であり、和名村の人々が浅草に出張する時は小嶋屋に宿泊し、提出物や訴訟の相談をしていた。多分小嶋屋の了解をとったであろうが、上総屋に相談し、四度目は一七日に上総屋から出してもらった。しかしこれもだめで、続けて上総屋と相談の上、一八日に五度目の訴えを出してようやく認められた。

三度目、四度目の訂正内容は省略して、五度目の最終案を見てみよう。

忠蔵は願い事があって成田山不動ならびに神社仏閣へ参詣したいと二二年前の文化二年に申し出たので暇を認めた。ところが期限が来ても帰村しないので届けたところ「尋ね」を申し付けられた。昨年一二月、一人で帰ってきたので事情を問いただしたところ成田その他神社仏閣を参詣している内に「摂州山田宿」で「痔疾」を煩い、歩行困難になった。そこで村の名前はわからないが「ちょうり」仲間の嘉兵衛の家で世話になった。元気になったのでその礼として農業や草履作りの手伝いをした。しかし時間が経ちこのままではまずいと考え帰村しようとしたが、途中上州松井田宿周辺で病気になり歩行困難となった。そこで村の名はわからないが、「ひにん」小屋へ行って物貰い（乞食）をしながら養生していたが、体調がどんどん悪くなってこのまま死んだら死骸を見てくれる人もいないだろうから、何としても帰らねばと杖にたよってようようの体で帰村したと言う。その旨届けようとしたら病気が重くなり松崎村の百姓で医師の大玄老にかかって服薬養生したが、二六日に病死した。死骸を改めたが病死に相違ないので、同人の墓の側に仮埋した。すぐ訴えるべきだったが、（流行病であったのであろう）村一同同じ病にかかってしまい訴えが遅れ申し訳ない。

最初は忠蔵の旅を諸国神社仏閣参詣としたが、場所を聞かれ金毘羅とした。ところが弾左衛門役所か公事宿から当時の訴え書が出てきたようで成田山へ行ったはずではと言われて五度目で訂正した。当初一五〇日の暇を出したとしたが、四度目では一〇〇日とした。成田で一〇〇日は多すぎるし、記憶もあいまいであったのだろう、五度目では日数は書かずただ暇を認めたとしてい る。その他いろいろ疑問点が糺され、くわしい説明をつけた。しかし、ここで書いたことはすべて事実であったのだろうか。千助としては簡単な報告ですむと思っていたらいろいろ追及されて焦ったのではなかろうか。忠蔵は死んでおり、途中、村へもどって忠蔵の息子に事情を確かめたわけでもないので、この説明の真偽は本当のところはわからない。

五度目は朝提出して宿で待機していたところ七つ時（午後四時頃）呼び出され、これでいいので帰村してよいと言われた。後始末もあり千助が和名村にもどったのは二月二二日であった。この一件でかかった費用は宿代とお礼、紙代、小遣い等で金一分二朱と四三〇文であったが、費用は忠蔵の息子新右衛門からとりたてた。

欠落する前の忠蔵は

実は欠落する前の忠蔵の記録が甚右衛門家の史料に残っていた。

文化元(一八〇四)年一一月のことである。忠蔵は近くの「煮売り酒屋」で酒を飲み、夜になって酒屋から帰るよう促しても言うことを聞かないので引きとりにきてほしいと連絡があった。組下二人を迎えにやったが言うことを聞かず更に二人を送って連れもどした。千助は内分にと思っていたら自宅にもどらず千助の家へおしかけ、言葉にすることもできないようなひどい言葉をはき、言うことを聞かなかった。千助から浅草の役所に訴えて処分をしてもらうのでそれまでは組合預けとすると言い渡され、ようやく酔いが醒めたようで不始末を詫びることになった。

しかし、話はすぐ終わったわけではなく、「むら」の有力者二人と近村石戸村の里修験の修験者楊門院が間に入って忠蔵とともに千助に詫び、今後酒は飲まないという詫び証文を出して解決した。これが文化二年五月のことなので解決に半年かかったことになる。

ところがこの忠蔵が二か月後の七月、「むら」に病気が流行っているので成田不動尊ならびに諸国寺社を参拝したいと出かけたまま行方不明になってしまった。届けの文面通りであったのか、欠落したあと成田に行ったことにしたのかわからない。いずれにせよ千助は忠蔵が成田へ行ったまま欠落したと弾左衛門役所に届け、下書きが家に保存されていたことをすっかり忘れていたようだ。

又忠蔵は寛政一一（一七九九）年、隣家の組下九八との間の地境争いで地方の百姓も立ち合って地境の線引きをしたのに従わず、戸〆にされたことを不服として弾左衛門役所に駆け込み訴えをした。しかしこれは九八側の一方的な行為であったようで、弾左衛門役所の公事宿が間に入り、地境は忠蔵側に半分戻し、小頭に届けもせず村役人の指示で勝手に戸〆を決めたのは「不調法」とされた。この事件は村役人から地頭領主にまで報告が行き地頭の家老、用人からも早く「内済」するよう言われる事件となっていた。

6　大山唐銅灯籠寄進

相模国大山御師宅への青銅の灯籠寄進計画

文化一四（一八一七）年八月、甚右衛門千助は、石原村（熊谷市）の郷左衛門、和田村（熊谷市）の兵助、長蔵、箕田村（鴻巣市）の長蔵とともに世話人として唐銅《からかね》灯籠造立についての回章（回状）を周辺村々の「ちょうり」に送った。灯籠は一対高さ四尺五寸（一三六㎝）で石の台座つきで十五両の予算、他に地代金五両、常灯明世話料五両、計二五両の予算で青銅製灯籠を大山の御師宅に寄進することについての協力（寄進）要請である。

なお寄進額により金二分以上寄附した場合は姓名（「苗字名前」）を彫りつけ、造立帳に名前を記し一人一人永代祈祷する。金一分寄附も同様であるが永代祈祷はまとめてする。金二朱寄附は名前のみ刻み祈祷は金一分と同様、各村の世話役をした者は寄附の多少に限らず金一分の者と同じ扱いとすることが決められていた。

これを見ると江戸時代、庶民に苗字はなかったと言われるが、実際にはあった。幕府や藩などの権力者の公認がないだけで苗字を使いたい者は自主的に使っていたことがわかる。

寄進の趣意書をおおざっぱに現代文に直してみると次のようになる。

かねてからご縁のある大山の御師様が、四月に私どものところへお越しになり話されたことは、お宅神前の飾り物が近頃大破したため、檀方(檀家)に頼み、法用の諸道具や金襴の幕などもだいたい完成したが、内庭の灯籠だけはまだできていないので、新しいこちらの講中の信心の力で実現したいということであった。大山への信仰はあっても生活困窮の時節に、安易に引き受け出金させるのもどうかと考え一応お断りしたが、昔からの檀方が相当金の張る諸道具の費用も負担しており、灯籠だけが残っているので何とか講のみなさんに頼んでくれないかとのたってのお話があり、みなさんに相談もせず我々だけで断ってしまっては御師様に対し大変失礼であるし、みなさんに対しても考えすぎかとも考えた。舎人様(寄進を依頼した御師)だけでなく多くの御師様へ百姓たちがそれぞれ品々を奉納していることはみなさんが大山参詣の折りご覧の通りである。これを断っては我々仲間は信仰心もなくただ大山参詣の宿屋としか考えていないのではと御師様に見抜かれてしまうであろう。そこで、世話人たちで相談し、いずれ村を回って奉納を実現できるよう相談したい、と返事して帰っていただいた。我々仲間の面目にも関わることであり、来年六月までにできあがるようよろしくお願いしたい。

予想以上に集まった協志金

さっそく灯籠奉納の準備が始まり、「相陽大山唐銅灯籠協志連名帳」がつくられる。それを見ると、最初の計画より金の集まり具合がよく、一二月に改めて回章を回したことがわかる。これを現代文に直してみると次のようなことになる。

みなみな様ますますご機嫌よろしいことと思う。さてかねてお頼みした大山御師様宅の灯籠造立について格別のご協力で最初の目論見より余計に金が集まり御師様もさぞお喜びのことと世話人たちも共に喜んでいる。村々の寄進高を帳面に書き回覧するのでご覧の上、次へ送ってほしい。金子調達については左の通りに最寄りの世話人に送ってほしい。(以下、略)
集金は四回に分け集めることとした。
四分の一　寅(文化十五)年正月二十日まで
四分の一　同(文政元)年六月二十日まで(四月に改元)

四分の一　卯（文政二）年正月二十日まで
四分の一　同（文政二）年六月二十日まで

「協志連名帳」にはこのあと回章の順達先と勧化帳（勧進帳）が書かれ、また寅年正月に大山御師がお札その他を持ってきた時の初穂料とお札料取立のことが書かれている。最後の「口上」では、この「協志連名帳」を写しておきたい人もいるだろうが、この帳面の控えは世話人がそれぞれ持っており、来春最寄りのところで写しを差しあげるので、今回は見たらすぐ次へ回してほしいということが付け加えられている。

最初二五両の予算で呼びかけたが、集まった協志金は三七両二朱と銭六一貫五二四文であった（村ごとの小計が個別の寄進額の計と異なるものが三か村あるが個別の寄進額をあわせたもので計算した）。銭を金高に直してみると公定の一両＝四貫文ではなく当時の推定相場の一両＝六貫八〇〇文で計算した場合九両三二四文となり、あわせて四六両二朱三二四文となる。これを現代の金額に直すことは難しいが、一応一両を十万円で計算するとおよそ四六〇万円ということになる。当時の「ちょうり」たちの厚い信仰心と経済力をうかがうことができる。また御師の側もそのことを承知して灯籠造立の話を持ちかけたのであろう。

協志金はそれぞれの「むら」でほとんどの「むらびと」が参加したと思われ、和名村では千助が二両、直蔵、九八と「ひにん」小屋頭の角兵衛が二朱、他の村民は銭で出し、合わせて三貫七

○○文、和名村全体では二両一分二朱と銭三貫七○○文で、他村と同じ程度であった。協志金を出した人々全体の中で千助の二両がただ一人最高額であった。他の世話人は一両を出した(一人は二分)が一両を越えたのは世話人の四人だけであった。

武州鼻緒騒動(「ちょうり」一揆)

この史料は、千助の死の二年後の天保一四(一八四三)年、武州鼻緒騒動と言われる武州「ちょうり」一揆がこの地域で起きるが、その発端とされる岩殿観音正法寺への天水鉢寄進とのからみで注目を浴びた。

「ちょうり」一揆は武州長瀬村の「ちょうり」が売れ残った鼻緒の売買で百姓とトラブルになり、百姓側名主たちが長瀬村の「ちょうり」小頭を呼びつけ謝罪を要求したが、「ちょうり」側は納得しなかった。名主たちは関東取締出役に訴え、「ちょうり」側も弾左衛門役所に訴えた。百姓たちが動員される一方で、「ちょうり」側も近くの「ちょうり」村に応援を求め二三か村約五○○人が集まった。百姓側が関係者の捕縛のため長瀬村に出かけると逆につかまってしまった。百姓側の交渉でつかまった百姓たちは解放されたが、関東取締出役が出動し、参加した「ちょうり」たち約二五○人が捕縛され、その内九七人が江戸送りとなった。勘定奉行所できびしい取り調べが行われ、死刑(獄門と死罪)二人を始め追放、手鎖などの処分が出され、その半数以上が獄死し毒殺されたという推測もされた。しかし近年の研究で実態が少し違うことがわかってきた。

これまで毒殺されたとされる人々が翌年の判決に出頭し帰村していた。死刑、追放刑など重罪とされた人々の内一五~六人はすでに獄死していて刑を執行されることはなかった。

この一揆には和名「むら」からも甚右衛門千次郎以下二一人が応援に出かけたが、捕縛されず村預けで済んでいる。

この事件の発端となったのが一揆前年の天保一三(一八四二)年に岩殿観音に「ちょうり」村一八か村が天水鉢を寄進したことである。百姓側がこれを生意気だと反発していたことが武州「ちょうり」一揆の背景にあったと言われる。この天水鉢を寄進し、弾圧された村々と大山に灯籠を寄進した村々は地域的に同じ地域であり、大山の唐銅灯籠へ寄進した三四か村と岩殿観音天水鉢に寄進した一八か村で一〇か村が両方に顔を出している。ここからこの地域の「ちょうり」の広いネットワークがあったことが知られる。

7 「ちょうり」祈願差し留め一件

何が何でも「ちょうり」に護摩札を配るな。配った札はすべて回収せよ

文化一五・文政元(一八一八)年、千助五〇歳の時である。千助は入間川村延命寺隠居の入間坊がまとめたと思われる「長吏祈願差留一件」という文書を書き写した。

これは川越野田村の当山派修験の大乗院が大峰山に修行に出て、帰村後護摩札を百姓だけでなく領主や「ちょうり」にまで配ったことから始まる。地域の修験たちが共同してこのような例はなく、特に「ちょうり」にまで配ったのは自分たちの恥（「瑕瑾《かきん》」）にもなると抗議し、大乗院を呼び出した。大乗院が病気で動けなかったため大乗院から頼まれ、親戚であった入間坊がすべて代行、代弁することになる。領主に護摩札を献上したのは「触れ頭」という寺格から問題なく、「ちょうり」に護摩札を配ったのは大峰山に入った時、餞別をもらっており、これまでも「ちょうり」に札を配る例はある。でもそれを自分たちの「瑕瑾」と言うならいかようにもお詫びするとした。ところが地域九か寺の総代として川越の万仁坊が江戸青山の鳳閣寺にあった当山役所に訴え出て、今後つきあいはしないと言ってきた。当山役所は「ちょうり」に配った札を全部回収し九か寺に謝罪せよ、もし回収しないなら「別納」の資格をとりあげるとした。

入間坊は「ちょうり」の祈願を行う寺はいくらでもあり、当山派の寺でも「ちょうり」の祈願をし、「ちょうり」を檀家にしている例はあると訴えた。しかし、他宗派はともかく当山派では「ちょうり」に札を渡すことはあってはならないことで、「不埒至極」であるからとにかくとりもどせと言われてしまった。さらに当山役所はこれまでの印書寺号補任状まですべて差し出すよう命じてきて、このままでは二か寺とも潰れる（「退転」）ことになってしまう。

そこで、これまでは一派の役所と考え控えていたがこのような「依怙贔屓」で「非道」なやりかたは納得できないと寺社奉行に訴えた（「愁訴」）。この結果は史料がないためわからない。

修験は神仏兼用の宗門で貴賤で分け隔てをすることはない

入間坊は寺社奉行に訴える前に当山派役所に訴状を出していた。そこで「ちょうり」に護摩札を配ったことの正当性を次のように書いている。要約すると以下の通りになる。

「〝ちょうり〟たちは人別帳に記載され菩提寺の印を請け、年貢を納め、法を守って生活しており、特別なことはないので祈願も同じである。」

「従って〝ちょうり〟の住む村で神社等を造営する時は神職を呼ばなくては造営もできない。」

「城下に住む〝ちょうり〟は城主の用向きを聞き、村方の者は村方の用を聞き、職業は賤しくとも身分の高下はあっても役向きに変わりはない。」

「医者が病気のものを助命しないのは滅却の基、身分に高下はあっても手をとって脈を測り薬を与える。」

「仏典では衆生を平等と見、神書でも目には不浄と見えても心では不浄と見ず、修験は神仏兼用の宗門であるから貴賤で分け隔てをすることはない。」

と堂々と当山役所を批判していた。

江戸時代、寺院の僧侶たちの差別対応は一般的であった。また「ちょうり」が死んだ時差別戒名をつけた例も各地、各宗派で見られる。一方、僧侶である以上、「ちょうり」たちの葬儀には立ち会わなければならず、村のもめ事の相談や仲裁など「ちょうり」から頼りにされる人々もいた。

この入間坊の考えと行動は宗教者である以上、信者を差別してはいけないと主張したもので当時としては貴重な存在であったろう。信仰、神仏に差別はないはずという考えは「ちょうり」たちにとっても当然の意識であった。もっとも修験も百姓、「ちょうり」たちから参詣の案内や日常の祈祷その他で生計を得ているので、「霞」と言った自分のなわばりにおける「ちょうり」との関係を否定されるのは認めがたいこともあったかもしれない。

当時、全国各地に町場の町修験、村方での里修験がたくさんいて和名村近辺には当山派の修験がたくさんいた。千助始め地域の「ちょうり」たちが深い関わりを持つ岩殿観音正法寺も当山派の寺院であった。入間坊や大乗院のいた入間川村や川越野田村は和名村の近くにあり、この事件を強い関心をもって見ていたであろう。

※修験・山伏は山岳信仰の流れをくみ、祈祷、呪術を事とし庶民の生活のなかに影響力を持っていた。江戸時代の修験は、真言宗系で醍醐三宝院を本山とする当山派と、天台宗系で聖護院を本山とした本山派に大きく分かれ、他にも羽黒山、日光、立山、白山など独自の修験者もいた。本山派は熊野を本山とし、当山派は金峰山、大峰山を当山とし入峰修行は修験者の霊力を高める重要な行為であった。

8　百姓村で「ひにん」がなぐられ殺されそうになる

千助が小頭になって四年目の寛政一二（一八〇〇）年七月二八日、事件は起きた。千助配下の「ひにん」の和助は近江の出身であるが、上州長野原で「ひにん」の務めをしたあと武州深谷に来て、その後千助の職場で前年から「番ひにん」の仕事をするようになった。このような「ひにん」の欠落や移動はよくあることであった。

百姓たちが博奕をしていた

和助が近くの源蔵の店で買い物をしたところ、源蔵に帰り道に下細谷の百姓源右衛門のところへ立ち寄り、勘次郎に約束した銭をとりにくるようにとの伝言を頼まれた。源右衛門の家へ行くと百姓たちが大勢で博奕をしていた。勘次郎に伝言を伝え、さらにそこにいた江綱村の忠蔵に前に貸した金一分を返すよう催促したら、源右衛門が出て来て二〇〇文を出し、これで酒を飲んでおとなしく帰ってくれと言われた。酒代などということは上からきびしく言われているので受けとれないと言うと、丸貫村の武左衛門らがこの場で催促とは何事かと言ってきて口論になり、和助はなぐられた上、縄で縛られ庭に放り出された。さらにこの者を生かしておいては博奕のことが知られてしまうので、殺して夜中に沼に放り込んでしまおうと相談をしているので必死で逃げてきた。この報告が和助の住居の場主組下弥八から千助の下に四つ時頃(午後一〇時ごろ)にあった。

千助は名前のわかる五、六人の名前とその他三〇人余と書き、さらにその際和助の胴巻きに入れていた一貫四〇〇文と別の胴巻きに入れていた南鐐二片(四朱=一分)と二七文を奪いとられているので、源右衛門は誰がとったかわかっているはずと書き留め、和助にはわざと縄をつけ、組下六人と「ひにん」小屋頭角兵衛と「ひにん」一人をつけて源右衛門のところへ派遣した。博奕は終わって解散していた。源右衛門は寝転がって知らぬ存ぜぬの態度であったので争いになったが、源右衛門の母が証言をしてすべて露顕してしまった。名主、組頭のところへも顛末を報告した。

大慌ての村役人

真夜中になるが八つ時(午前二時ごろ)源右衛門組合の彦七が来たが話はまとまらず、さらに四つ時(一〇時ごろ)にまたやって来て、「若衆」に酒樽なり酒代なり出すから示談(内済)にしてくれと言ってきた。手下に縄をかけて出した以上金銭ではすまないと押し帰したが、彦七は「内々に金二分を出す」という書付を出した。これは自分に対する賄賂なので、その旨また名主に届けたが何の返事もなかった。周辺の村々の名主、組頭など有力者が入ってきて、これを表沙汰(出訴)にしたら何か村かの大騒ぎになるので出訴はやめてほしいと言われたので出訴はひかえた。しかし和助のことは悪事場所で起きたことであり、これは「天下一統の仕法」なので幕府代官の取り計らいの問題にもなる。源右衛門のとった金品は源右衛門から直接でなく、村役人が源右衛門からとりあげ、村役人を通して和助に返却するよう要求した。博奕厳禁の法度がきびしいなかでの事件（「騒動」）であるからと千助も強く出た。場合によっては番人の仕事を返上すると言い、八月一日に百姓、組下弥平次、「ひにん」角兵衛、和吉立合で書面とともに奪われた品を返すことになった。名主側から博奕打ちどもが源右衛門方へ押し込み狼藉を働くかもしれないので夜番をしてくれと依頼され、二九、三〇日と一〇人の夜番を出した。また、博奕のことはこちらからは言わないが和吉はなぐられケガをしたので治療代を出すよう求めた。

この事件は発覚して翌日には解決した。村内の博奕が表沙汰になれば名主も責任を問われ、さらには発見者への傷害と金品の強奪事件が加わるので、名主方は相当にあわてたであろうし、もみ消しに必死になった。千助もあえて事を荒立てることなく一筆書いてもらい治療代が出ればそれで解決ということにしたのであろう。

9　百姓村との交流

和名村の「むら」と地方百姓の関係

江戸時代、「むら」の人々は社会生活から排除され、人間扱いされなかったとも言われる。しかし、「むら」の人々の仕事は社会的分業の進行のなかで生まれたもので社会にとって必要なものであるから排除することはできない。しかし、差別はあり、「むら」の人々を見下す言動が多くの場面で見られた。

寺院や神社の祭礼で「むら」の人が、ここはお前たちの来るところではないと排除されることもあった。一般的に「むら」の人々も諸国寺社参拝で全国を回っておりそこでは排除されていない。地元でお互いに顔を見知っている関係では差別、排除が行われることがある。しかし関東の「むら」では寺社の祭礼で祭礼の見回りその他祭礼役人として祭礼に関わっている場合も少なくなく、和名村でも神社の祭礼での交流が見られた。

和名村の「むら」には「むら」の神社である白山神社があることもあり、地方百姓の神社の氏子にはなっていないと思われる。

文化元(一八〇四)年、地方浅間宮の祭礼では、千助が中心になり寄付金(「奉加銭」)約一貫文と祭礼に必要な紙を買って寄付している。史料によれば一〇枚で一帖、一〇帖で一締めの「吉野紙」を四締め、「色紙」を四五枚、「広紙」を五帖奉納した。これに先立つ寛政五(一七九三)年は太鼓を奉納してほしいと言われ、父の喜平次が浅草で一尺三寸の古太鼓を二つ調達して奉納した。これは代金をくれると思っていたら酒をくれただけで費用は千助の負担になってしまった。

文化六(一八〇九)年、地方鎮守拝殿の建立に当たって、名主藤右衛門の頼みということで百姓方の世話人がやってきたので千助が金三分を寄付した。もう少し必要ということで頼まれ、村から千助の分も含めて一両二朱と二貫九三二文を寄付した。

完成を祝って芝居興行が行われた時には一分二朱と三〇〇文を寄付し、裏方の仕事を手伝っている。

逆に文化九（一八一二）年、部落の白山神社の祭礼で香具芝居をしようと地元の清水屋で相談していたところ、居合わせたあめ屋の七五郎が商人仲間で協力するからと地方役人や若者（「若衆中」）にも声をかけてくれ協力してくれることになった。しかし「むら」だけでは客も集まらず資金も人手も足りず中止しかないと考えたが、地方百姓側（「地方役人衆中御若衆中」）がぜひやれと協力して、諸道具、場所などを提供してくれ、芝居の代わりに四人組の「品玉《しなだま》」（玉を使った手品、曲芸）のグループを頼み、祭礼を執り行うことができた。

祭礼はそれぞれの地域のハレの行事であり、どこでも差別、排除の論理が貫徹していたというわけではなかった。

この背景には「むら」側の経済力の伸張があった。後には質地取りもどしの差別的攻撃が出てはくるものの金銭に困り土地を担保に借金を頼む相手を差別していては借金は頼めない。

10　ゆらが来た

天保二（一八三一）年、千助六三歳の時である。

九月二三日付け弾左衛門役所からの「引き渡し者壱人」があるので二七日までに出頭せよ、という差し紙を二五日の午後一時頃に受けとった。たまたま千助は病気のため代わりに直蔵と留蔵を頼み、翌日早朝に出発させた。二人は同夜は道ばたで仮寝、浅草には間に合って二七日一二時頃に到着した。公事宿（小嶋屋）で待機させられ、一〇月三日にゆらという女性を引き渡された。ゆらは三二歳、「浅草新町六番組役人金左衛門女房の姉」という人物で、何をしたかはわからないが、「身持ち放埒」で家族、親戚がそろって意見を加えたが言うことを聞かず、このままでは親類一同に難が及ぶとして「久離（勘当）」の願いが出された人物である。親類一同の願いは認められ、武州和名村小頭甚右衛門の組下として引き渡された。弾左衛門役所の有力者の家の娘で弾左衛門役所の女中としても仕えた女性を江戸から遠く離れた農村の「むら」がどう引き受けるか大変な騒ぎになった。

「むら」は大騒ぎ

組下たちが集まって相談し、村方（農村出身）のものであれば一軒、家を与えておけばいいだろうが、町方のものではすぐには生活できないだろうから、当面は一日一夜ずつ順番で各家で世話をする、この間不作が続き、村方一同困窮しているが、あり合わせのものを提供して小遣い銭も渡す、当人の収入の道として竹皮を仕入れてそれを販売させればいいという気遣い、心配りをして迎えた。

ゆらは一〇月七日に和名村にやってきた。ところがゆらは来てすぐ秩父の札所めぐりをしたいから、一五日より五〇日の暇をくれと申し出た。いくらなんでもそれは弾左衛門役所に対しても申し訳が立たないということで説得したが、たっての頼みということで仕方なく認め、小遣い銭として金一分も渡した。ゆらは五三日目の一二月七日に帰ってきたが、今度は近隣の寺社を回りたいと五〇日の暇をもらって翌八日に出かけ、その時も小遣い銭を出してやった。四六日目の一月二三日に一度帰村したが、まだ行っていないところがあると、翌二四日、三〇日の暇で出かけてしまった。この時も小遣い銭を与えている。三四日目の二月二七日に帰村するも、翌二八日いつのまにかいなくなり、そのまま行方不明になってしまった。あちこち探したが見つからず、役所に届けなくては思っていたところに、三月六日、浅草新町の小嶋屋から飛脚が来て、こちらにいると言う。千助が直蔵と飛脚とともに出発し、翌日夜に小嶋屋に着いた。九日、駕籠に乗せて連れ帰り、病気だったため四月八日までの一月間昼二人、夜三人で世話をした。四月九日、回復したということであいさつに回り、村方も順番で一夜ずつ世話をしたにもかかわらず、一四日になり、またどこかへ出かけ、行方不明になってしまった。

仕方なく千助は行方不明になった旨、弾左衛門役所に届けたが、弾左衛門役所も事情はわかっていたようで、本来はきちんと探して、結果を報告することになってはいたが、見つかったら連絡しなさい程度の軽い対応ですませた。

意のままに生きようとするゆら

その後のゆらの行動について、神奈川県立公文書館にある大磯の「助左衛門文書」のなかにゆらに関する史料が残されており、それによると天保三（一八三二）年四月に和名村を欠落した後、小遣い銭に困り、かねて知人の武州館村（八王子市）与五左衛門組下与右衛門のところで何度も借金を強要し、与五左衛門に取り押さえられ、「過怠牢（主に女性、子どもに課されたもので敲き等のかわりに一定期間の入牢を命じた）」の刑を受けたことがわかる。これは天保四年に入ってからのことと思われるが、当時はまだ人別帳では甚右衛門の組下として記載され、小嶋屋から「牢扶持」として「過怠牢」中の生活費を負担させられ、千助は村の全戸から軒割りで負担金を集め、毎月一四、晦日の両度生活費を送っていた。この負担は村にとっては大きな負担であったが、天保五（一八三四）年九月には理由はわからないが、小嶋屋から牢扶持二両を前借りしたいとの依頼まで来た。この時は千助も困って村で相談し、蚊帳三張りを質に入れ、質屋から二両を借りて渡したが、その二か月後ゆらが許され出牢したため、無駄金（「金子そんモウ」）になったと感じた。ゆらの出牢後のことはわからない。「助左衛門文書」によれば各地の「ちょうり」小頭に引き渡されるが、どこも扱いに困ったようで、小頭たちが「引き渡し替え」を願い出て、武蔵、相模の各地をたらいまわしになったようである。

ゆらには千助だけでなく「むら」中がふりまわされた。やはり「むら」にとっては「厄介者」であり、ゆらが巡礼に出かけようとすると形だけはやめるよう説得したものの、小遣い銭を出しても彼女の世話をするよりはましと考えたのではないか。彼女も自分が「むら」人から歓迎されていないことを十分承知していて、「むら」を出ることが「むら」人にとっても自分にとっても一番いいと考えたのであろう。彼女にとって落ち着ける場所は浅草にも和名村にもなく「巡礼」の生活がもっとも心安らぐ時間であったのかもしれない。しかし女性の一人旅には危険があり、旅先でも歓迎されなかったはずである。当時「むら」を出る理由、口実として「寺社参詣」、「諸国巡礼」がよく使われており、実際に何をしていたかは定かではない。しかし、江戸時代の身分制、村落、家族など様々に窮屈なしばりを乗り越えてここまで自分の意を通した女性も少ないのではなかろうか。

第4章 広く知られた薬屋と日常生活

1 家秘相伝神通散

甚右衛門家は代々薬屋を営み、屋号を「藤屋」と言っていた。

甚右衛門家には売薬関係の「大福帳」、甚右衛門家秘伝の「神通散」に特化した「家秘相伝神通散日記」など売薬関係の史料が多数残されている。甚右衛門家がいつごろから薬屋を始めたかはわからないが、とりあえず明和年中（一七六〇年代）には「一子口伝」の「神通散」の製造、販売を行っていたと見られる史料がある。

病気になればまずは藤屋へ

甚右衛門家が扱った薬は求めにより他の薬屋から取り寄せたものもあるが、基本的には自分の家で製薬（調合）し、それを販売したものである。「大福帳」によりその薬名をあげてみよう。

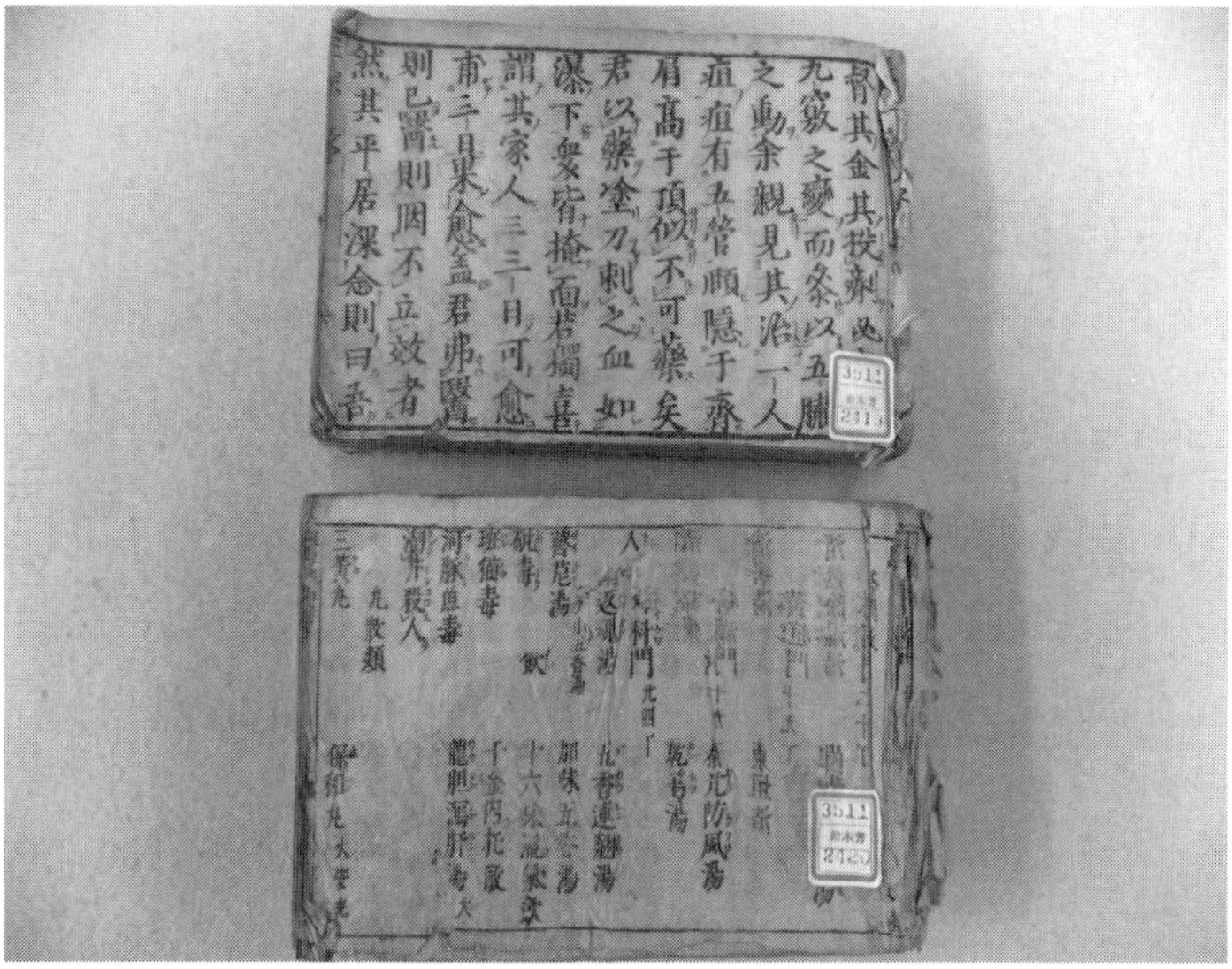

上・「外科正宗」、下・「衆方規矩」

ひぜん、痛風薬、目むし、灸てん、しゃくの薬、痰の薬、シツ薬、麻痛灸、ぢんこうさん、ないら薬、こうやく、ちの薬、せんとう、湯火傷などなどである。このなかではひぜん薬と目むし薬の注文が多く、灸てん、ぢんこうさん、ちの薬、ないら薬がそれに次ぐ。

ひぜん薬はひぜんだにによる疥癬の薬であろう。目むしは目薬、灸てんはもぐさ、ぢんこうさんは沈香散で胃の薬、ちの薬は女性用の薬、ないら薬は馬の内臓をないらと言うので馬用の薬であろうか。

甚右衛門家にはいつ誰が購入したかはわからないが、「外《げ》科《か》正《せい》宗《そう》」と「衆《しゅう》方《ほう》規《き》矩《く》」の二冊の医学書がある。二冊とも表紙、奥付が欠けているのでいつごろ出版されたものかはわからない。「外科正宗」は一七世紀の明の外科治療書である。「衆方規矩」は江戸時代の代表的な漢方薬の処方に関する医学書である。二冊の本は医者にとっても薬屋にとっても大切な本であった。その他に浦和図書館で甚右衛門家の文書を整理した時に、題名を「調薬覚」とつけた千助がまとめたと思われる帳面がある。これは千助が各地で見聞し、学んだ薬の製法を書きとめたと考えられる。この覚えのなかには千助の弟彦助が書きこんだ部分もある。

またこれは医学書ではないが八代将軍吉宗にも仕えた儒学者成島錦江の著を弟子の武州入間郡の名主奥貫友山がまとめた「経験産事箋」も所有していた。これは安産を願って妊娠、出産にあたって気をつけるべきことをまとめたものである。

当時は医薬の分業はそれほど明確ではなく、薬屋であっても病人の簡単な診察をして症状に合わせて薬を調合していたと思われる。

「一子口伝」の秘薬

甚右衛門家には薬を求めて関東各地から来客があり、信州諏訪からの客も多かった。また遠くは越後の長岡や奥州仙台、三河の安城からの客もいた。

甚右衛門家の最も大切にしていた「一子口伝」の秘薬は「神通散」、「神妙散」、「ひぜん薬」の三つであり、とりわけ「神通散」が重視され、「神通散」専用の売った日にちと客名を記録した「家秘相伝神通散日記」がつくられていた。

左に掲載した文書は、一子相伝神通散の調合法を千助の孫政明が安政五（一八五八）年に書き記したものであるが、これを活字で書き表すと、次のとおりになる。

家秘神通散調合目方
壱廻りにつき正味弐両目内分
一軽粉　一文目　一手水　あらひ粉二文目五分
一紀州久助くず　四文目五分
右三味調合六根静浄三本つつよみなからすり合
鈴木政明謹言

家秘神妙散
家秘ひぜんの薬は
両様調合は家伝書にくわし

「神通散」は梅毒の薬と考えられるが、評判がよかったようでこれを求めてたくさんの客がやってきた。身分を問わず、中には大名屋敷や寺院、江戸の商家からのものもあった。「神通散」の販売単位一回分（一回り）が一分二〇〇文で他の薬とくらべてもうけは大きかった（半分でも売れ値段も半分の二朱一〇〇文であった）。よく売れた「ひぜん」の一販売単位が二四文、「目むし」は一五〇文という金額であった※。

※江戸時代の通貨は金、銀、銭の三貨からなり金貨は四進法で一両＝四分、一分＝四朱であった。銀貨は目方で量る秤量貨幣で匁または目で表した。銭貨は銭一貫文＝銭千文であった。金、銀、銭貨は両替されて使用され、幕府の公定相場は元禄期で金一両＝銀六〇目（匁）＝銭四貫文であったが相場は変動した。

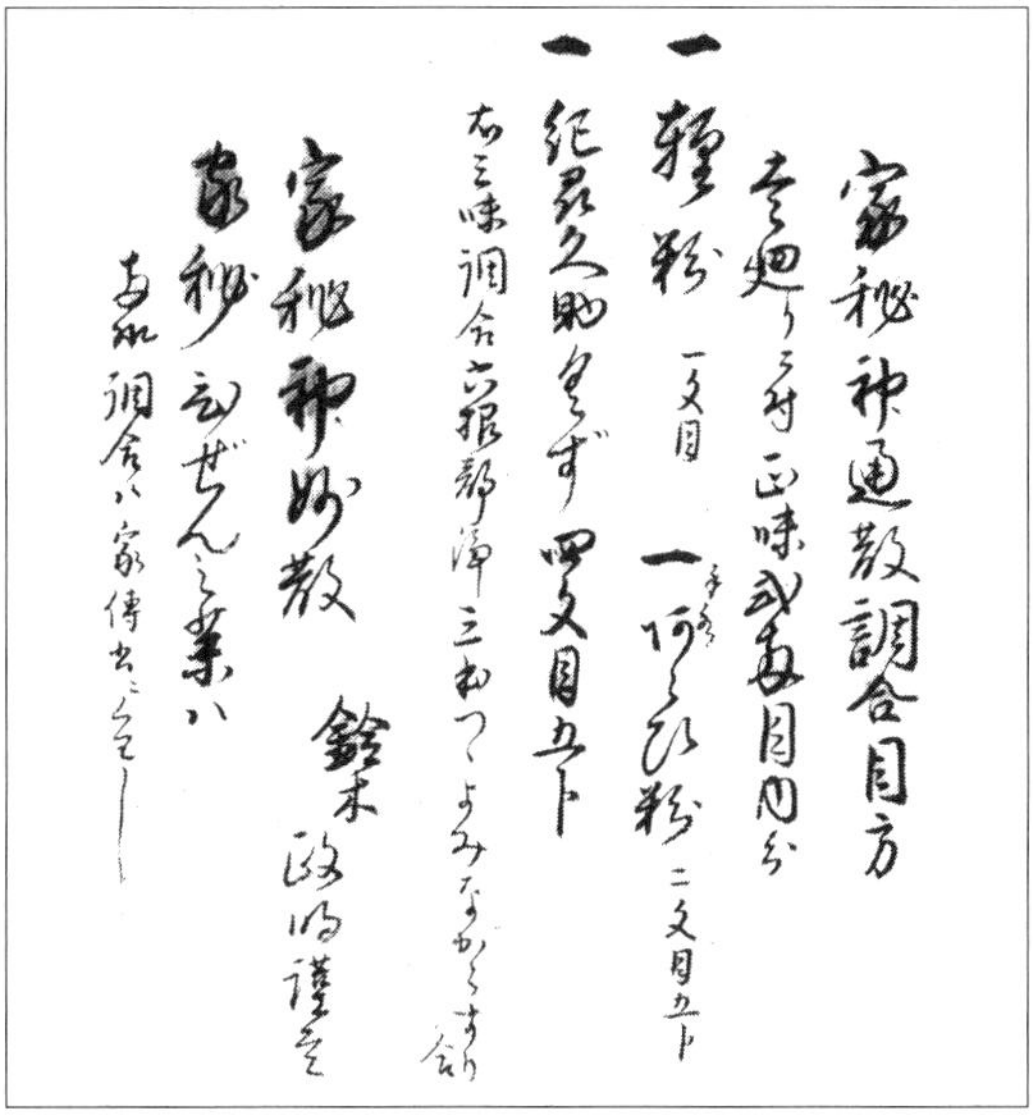
家秘神通散調合目方

家秘和妙散

家秘ひぜん之薬ハ

文化一一（一八一四）年の大福帳を見てみよう
（金壱分を壱歩と書いている）。

二月朔日
一南壱片百文　幡羅郡玉ノ井村　権音寺様
同
一金壱歩弐百文　川越北町三河屋善兵衛殿
二日
一四拾八文　長谷村法印様　ひぜん薬
同
一四拾八文　今泉村　ひぜん薬
四日
一金壱歩弐百文　榛沢郡上野村　半蔵殿

七日
一金壱歩弐百文　江戸追分町　米屋忠蔵
同
一金壱歩弐百文　江戸本郷壱丁目　大和屋惣吉殿
　両人前御使　宇兵衛殿
　この人弐百廿四文にてかうのす（鴻巣）迄馬を取り御帰りなされ候
九日
一南壱片百文　下総国松ぶし領ちゃうし口村　石松殿
　松山ヤキゆう参詣帰り四人連れなり
同
一南壱片百文　大里郡代村　半九郎殿
同
一南壱片百文　川越在荒宿（新宿）村　藤吉殿
同
一金壱歩弐百文　秩父郡岩田村　おせき殿
同
一南壱片百文　幡羅郡目沼（妻沼）村　惣八殿

十日
一南壱片百文　　上州那輪（那波）郡大正寺村　おしず殿
（中略）
二月朔日より晦日迄
〆金四両弐朱ト銭五貫五百四拾四文
　この金三歩ト四百四十四文なり
金高合わせて四両三歩弐朱ト四百四十四文
　但し銭相場六貫八百文かえなり

この帳面を説明すると、薬の名前が出ているのは「ひぜん薬」だけで薬の名前のないものはすべて神通散である。一まわりが一分二百文で半まわりが二朱百文である。南一片とあるのは南鐐二朱銀のことである。二月の神通散の収入合計は四両二朱と銭が三貫二八〇文であった（一分二百文が足りなかったようでおまけで一分一八〇文で売った例が一件ある）。この他にこの月売れた薬、ひぜん薬、ぢんこうさん、目むし薬、ないら薬などは銭で支払われるので神通散のものもふくめて銭の合計が五貫五四四文であった。当時の銭相場が一両＝六貫八〇〇文だったので換算して金貨にすると三分と余り四四四文となり総合計が四両三分二朱と四四四文ということになる。

七日の江戸の米屋忠蔵と大和屋惣吉は宇兵衛に遣いを頼んだと見られ、この時は書いていないが本人ではなく遣いが来た時は百文か二百文を酒代などとして渡していた。しかし馬で鴻巣まで帰ったとあるのでこの駄賃二二四文を渡したのではなかろうか。

九日の下総国松伏領銚子口村はその後武蔵国に編入されるが、石松は松山の箭弓《やきゅう》稲荷の初午大祭に四人連れで来て帰りに寄ったのであろう。

この年、文化一一年の大福帳を例にとり月別に来客のあった日数と人数(二人で来る場合もあるので組で表す)を見てみると次のようになる。大小は月の大小で大は三〇日、小は二九日である。

一月(大)一八日、三〇組
二月(小)一九日、三四組
三月(大)二二日、四九組
四月(小)一八日、四〇組
五月(小)一二日、一八組
六月(小)二二日、三六組
七月(大)一七日、二六組
八月(小)一八日、三二組
九月(大)二〇日、三一組
一〇月(大)一三日、二二組

一一月（小）二〇日、二一組
一二月（大）一六日、三三組

おおむね一か月の内平均すると一八日は客があるという計算であるが、多い時は一日四〜五組のこともあり、薬を売れば「大福帳」に丹念に記録し続けた（千助死後は「家秘相伝神通散日記」となる）。

年間四〇両を越える売薬収入

残されている「大福帳」は四冊、「家秘相伝神通散日記」は六冊ある。「家秘相伝神通散日記」は天保一二（一八四一）年からつけられているが、「大福帳」は寛政二（一七九〇）年から安政六（一八五九）年まで四冊の帳面に途切れることなく記録されている。ただ記録の仕方が時期によって異なるので全容を正確にまとめることはできない。「家秘相伝神通散日記」は天保一二年から始まり弘化五（一八四八）年までの分が残されている。

「大福帳」の記録は寛政二（一七九〇）年から享和元（一八〇一）年までのものは内訳がなく、売上（総収入）、仕入れ（支出）、差引（純益）のそれぞれの一年間分の合計だけが記録されている。享和二（一八〇二）年から文化一一（一八一四）年の分は日ごとの販売内容（金額、薬名、購入者名）が丹念に記録され、月ごとに売上の計が書かれ、年末にその年の売上、仕入れ、差引の合計が書かれ、毎年の純益がわかるようになっている。しかし、文化一二（一八一五）年以後は日ごとの販売内容や各月の売上は出てくるが年間のまとめは総売上のみで、仕入れ、差引の記録がないものや総売上の記録もないものが出てきて実際の純益がわからない。

また「家秘相伝神通散日記」の多くはいつ誰に売ったかだけで多くは金額の記録はないが、記録のあるものと照合すると「大福帳」の年間総売上の金額が神通散だけと見られるものも出てくる。「大福帳」の記録を見ると千助がもっともくわしく丹念に記録していたことがわかり、彼も晩年になると少し手抜きをしたと思われる。千次郎や孫の政治郎の代になると記録はより簡素化され、「神通散」の販売に重点をおいたように思われる。

純益の金額がわかる寛政二年の「大福帳」で寛政二（一七九〇）年から文化一一（一八一四）年までの二四年間の収入（純益）を見てみよう（表Ⅱ-3）。

千助が父から薬屋の家業を引き継いだのは享和二（一八〇二）年ではなかろうか。これまでの分をまとめ書きし、享和二年からはくわしく記録するようになり、また売上もそれまでの一〇両、二〇両台から四〇〜五〇両台に伸びている。この売上額は千助死後もほとんど変わっていない。この年間四〇〜五〇両の現金収入が甚右衛門家の活動の基本にあった。

長崎に遊学した弟彦助

千助の弟彦助は兄と協力して甚右衛門家を支えてきたが、文化九（一八一二）年、蘭学を学ぼう

表II-3 売薬による収入(純益)

寛政	2	2両		2朱	7貫	844文
	3	9両	3分		8貫	331文
	6	7両	2分	2朱	17貫	26文
	7	11両	2分		28貫	621文
	8	11両	2朱		22貫	76文
	9	21両	3分	2朱	25貫	775文
	10	16両	1分		16貫	705文
	11	27両	1分			750文
	12	38両	2分			390文
享和	元	42両	3分	2朱		614文
	2	51両	2分			563文
	3	38両	1分			448文
文化	元	28両	3分			769文
	2	44両		2朱		601文
	3	46両	3分	2朱		46文
	4	55両	3分	2朱		157文
	5	49両				78文
	6	34両	2分	2朱		482文
	7	31両	1分	2朱		787文
	8	38両	1分			291文
	9	31両		2朱		793文
	10	33両	3分			69文
	11	40両	1分			643文

※寛政4、5年は別帳記載とあるが別帳が残っていない。

※寛政2～10年までは金貨による収入と銭による収入は分けられており、銭で受けとったものの合計はそのまま記載されている。寛政11年以降は銭の分を金表示に直している。当時金銀銭の相場はその時々によって変化していた。江戸前期は一般的に1両＝銭4貫文とされたが、寛政2、3年の頃は1両は5貫500文前後、寛政後期は6貫500文前後、文化期は7貫文前後で両替された。

と長崎に出かけた。千助四四歳、彦助二九歳で彦助には妻子がいた。彦助は「諸国神社仏閣参詣」を理由に旅に出て、千助も一五〇日の暇を認めたが、そのまま帰らなくなってしまった。途中彦助より便りがあり、つてができたので医道修行のため長崎に行くので妻子のことはどのようにしてもいいからよろしく頼むということであった。彦助がなかなか帰ってこないので妻子は実家にもどっていた。関係者が相談し、妻とは離縁、息子は彦助が帰ってくるまで妻の実家で預かって養育し、帰ってきたら彦助のもとへもどすということにした。彦助の長崎遊学は最初からみんなが承知であったのか、手紙通り寺社参詣の途中で長崎遊学のつてができたので思い立ったのかはわからない。甚右衛門家の人々が医薬への関心、向上心が高かったのは確かであろう。彦助のその後の史料がなく、人別帳では天保九(一八三八)年の人別帳に「私伯父彦助義は兼ねて心願ござ候に付き、諸国神社仏閣え参詣仕りたきよしにて去る去る中年五月晦日、暇申し立てすなわち同日まかり出候えども只今もって立ち帰り申さず候に付き、この段年々下げ札をもって申し上げ奉り候」という下げ札を最後に記録がない(このあと人別帳が二五年後の文久三年まで存在しないのでその後の経過がわからない)。ただ甚右衛門家の墓地に彦助の墓があるので帰村はしていたのではなかろうか。

2　甚右衛門家の学問・教養と実名取得

甚右衛門家の学問・教養

江戸時代の日本の識字率はヨーロッパに較べて高かったといわれるが、「ちょうり」「ひにん」も仕事の上で文字の読み書きは必要であり、とりわけ小頭にとっては文字の読み書きだけでなく多くの知識が必要であった。

千助は学問好きで、漢学、神道、医学、薬学、算術の素養もあり、小頭としての仕事に加え、家業である薬屋の大福帳などたくさんの文書を整理、保存していた。

医学、薬学書については前述したが、甚右衛門家の蔵書を見てみよう。

これらの書物は現代人にとって読みやすい書とは言えない。書物があるからといってすべてを読んだとは限らないが、甚右衛門家にとっては必要な知識であり、そのことについて深い関心があったということはまちがいなく、その教養の高さがうかがわれる。

「論語」「大学章句」、「孟子」：江戸時代の学問と道徳の基本とされたのは儒学で、「論語」「大学」「孟子」は「中庸」とともに四書と言われ儒学の基本とされた。「ちょうり」の立場からこれをどう読んでいたのか興味深い。

「消息往来」「庭訓《ていきん》往来」：いわゆる往来物で寺子屋等の教科書として、文字の読み書き、仕事や生活上の知識を学ぶためにいろいろな往来物がつくられていた。「消息往来」「庭訓往来」は手紙（「消息」）で使う例文や単語その他生活に必要な用語などをまとめている。

「誹諧語録」「呉《ご》竹《ちく》集」「俳諧歳時記栞《しおり》草」：これらは俳句の参考書、入門書で甚右衛門一家やその周辺ではよく和歌や俳句を詠み、俳諧連歌も楽しんでいたようである。なお「俳諧歳時記栞草」は千助死後の嘉永期に滝沢馬琴によってまとめられたものである。

「伊勢物語」「和漢朗詠集」「唐詩選」「和歌山下水《やましたみず》」：「伊勢物語」は平安期の有名な歌物語であり、多くの歌が収録されている。「和漢朗詠集」は平安時代の歌人藤原公任が漢詩、漢文、和歌を集めたものであり、「唐詩選」は中国明代に杜甫、李白、王維など唐代の漢詩をまとめたものである。「和歌山下水」は享保期に戦国、江戸初期の歌を集めたものでなかには武田信玄、蒲生氏郷、伊達政宗、小堀遠州、沢庵などの歌も収録されている。

「塵劫記《じんこうき》」：寛永四（一六二七）年、吉田光由によってまとめられた算術書で江戸時代のベストセラーとも言うべき書である。かけ算、わり算や米の売買、金銀両替、利息計算、検地、年貢など日常的に必要な計算法を収録し、生活上必須の書であった。

「神道野中の清水」「中臣祓《なかとみのはらい》註解」「神家要術」「道截祝詞」「唯一神道」「神祇服忌《ぶっき》令」「日本書紀」：甚右衛門家には神道、祓い、祝詞関係の書が多い。「神道野中の清水」は垂加神道の伴部安崇が書き、現在も使われている神道の解説書であり、「中臣祓註解」は大祓詞の解説書である。「神家要術」「道載祝詞」「唯一神道」も祓いと祝詞関係の書である。甚右衛門家では神事には深い関心があり、自ら自宅内外の諸社を守って祝詞をあげていたと思われる。また「神祇服忌令」は中世以来神社で伝えられた触穢と服忌、服喪についてまとめた書であり、幕府も綱吉の時代に「服忌令」をまとめている。「日本書紀」は「古事記」と並ぶ最古の歴史書であるが、神道では神々のことを記した大切な書とされてきた。

「新刻古暦便覧」「百籤鈔《ひゃくせんしょう》」：「新刻古暦便覧」は江戸前期の暦の一覧で、改暦にも利用された。これを見ると江戸時代の日食、月食の年月日、時刻がわかる。「百籤鈔」は百種類の籤と占いを解説したものであり、現在でも神社でおみくじを引き吉凶を占っていることを考えれば神道に関する重要な知識の一つと言える。

「川中嶋戦記」「天草軍談」「山本戦功録」等々：「川中嶋戦記」は戦国時代の武田、上杉の争い、「天草軍談」は島原の乱（島原・天草一揆）、「山本戦功記」は武田信玄の軍師山本勘助の戦功を描いた軍記物で、誰が読んだかはわからないが夢中になって読んだのではなかろうか。

これらの書は甚右衛門家の財産であり代々大切にされてきた。とりわけ神道関係は千助が熱心であった。神道関係の書籍は単に教養ということではなく自身祝詞をあげ、占いをしたりするための実用書であったのであろう。和歌や俳句は千助の父、喜平次が熱心だったようだ。書籍は江戸の本屋で買ったと思われるが、他者の署名や書き込みのあるものもあり、所有者から譲り受け

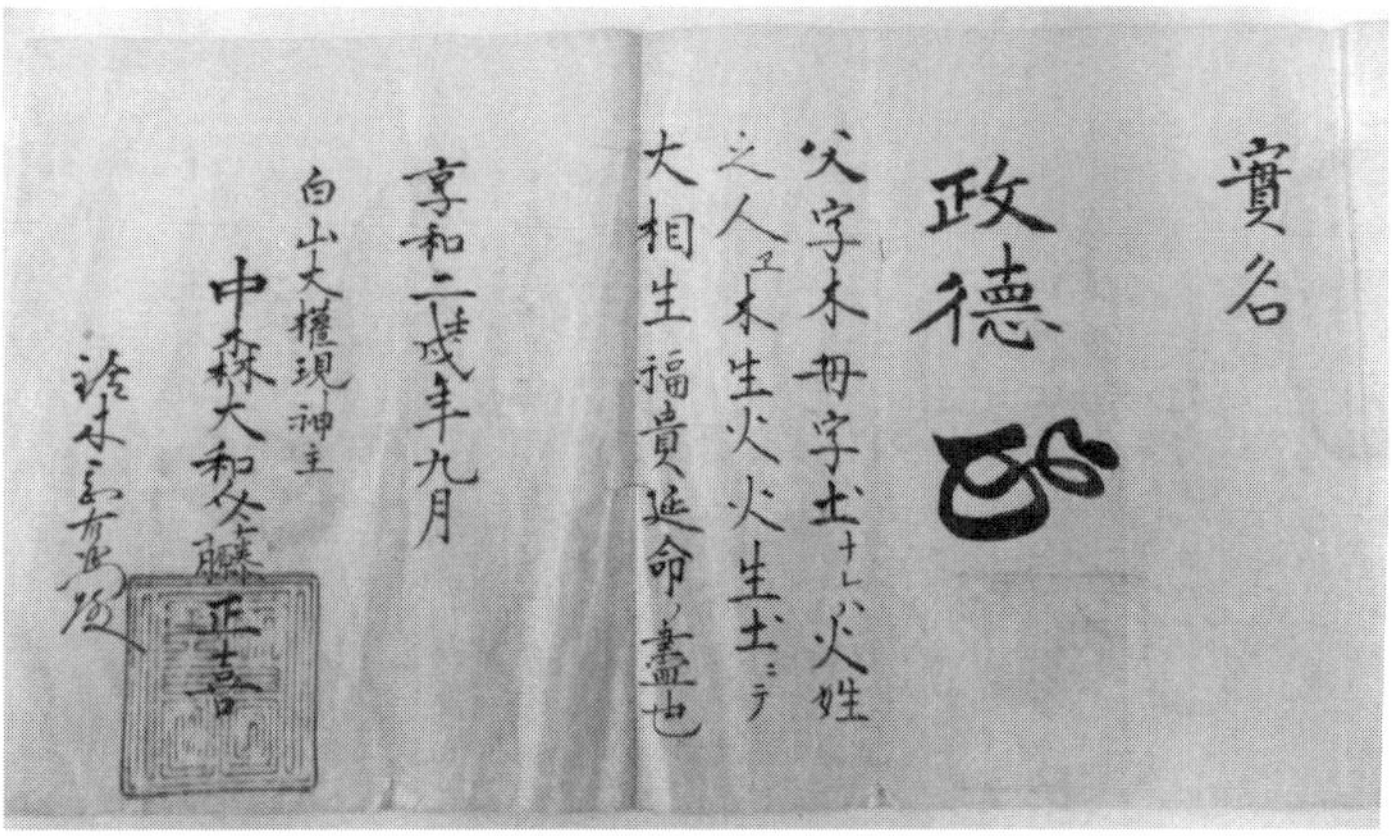
實名
政徳
父字木母字土ナレハ火姓
之人ニテ木生火火生土ニテ
大相生福貴ノ延命ノ壽也
享和二壬戌年九月
白山大権現神主
中森大和介藤原正喜

実名授与証

たものもあったと思われる。

実名取得

江戸時代、庶民は苗字を持たなかったと言われるが実際には公認されていないというだけで苗字を持っている者も少なくなかった。ふだんは苗字は使わず、彦右衛門、瀬兵衛、弥平次、忠蔵といった名前（通称名）を使っていた。名前は幼名、成人名、隠居名と変えることもあり、成人名はその家代々の当主名である場合もあった。

武家では幼名、成人名、当主名、隠居名などの他に苗字、官名、氏姓、実名を持っていた。寛政改革時の老中松平定信は正式には松平越中守源朝臣定信であった。苗字は松平で越中守が官名、これが通称名でもあった。源朝臣が氏姓、定信が実名である。江戸城内では越中守殿と呼ばれ、松平殿とか定信殿とは呼ばれなかった。

享和二（一八〇二）年、千助三四歳の時、浅草白山神社の神主中森大和介藤原正喜から「政徳」という実名をもらった。父喜平次は「政演」、息子の千次郎は「政副」、孫の政治郎は「政明」の実名をもらっている。

白山神社神主を例に見ると中森が苗字、大和介が官名でこれが普通に名前と言われているもの。藤原が氏、姓といわれるもので正喜が実名ということになる。従って甚右衛門家では鈴木が苗字、甚右衛門が官名（当主名）、千助は幼名であり、成人名、隠居名でもあったが、さらに庶民にはつけなかった政徳という実名を持っていたことになる。甚右衛門家がなぜ実名を望んだかはわからないが、身分を越えた誇り高い人々であったことはまちがいないだろう。千助は小頭としては甚右衛門を使用し、自身については千助と政徳を併用している。

3　活発な金銭貸借と土地の取得

甚右衛門家は薬屋の収入を中心に多く現金収入があり、金融業を営んだわけではないが「ちょうり」仲間だけでなく百姓からも借金を頼まれた。「ちょうり」仲間からの借金の多くは「時借り」「時貸し」で一時的に少額の金銭を借りたり、生活物資を借りたりするもので借金証文などはつくらない。しかし甚右衛門家への借用依頼は多く、借りてもすぐには返してはくれなかったようで、そのため千助はたとえ少額でも「時貸し覚えの帳」をつくって対応していた。これを見ると五〇文、百文の「銭かし」や豆腐二〇丁代一六文、ところてん代一六文といったものがある。また大豆殻六把、小麦殻かしなど現物貸しも見られ、一方で甚右衛門がタバコ代一六文、酒代百文を借りたという記載もある。

しかし、高額の貸借は担保をとることになり、百姓たちが田畑を担保に「ちょうり」たちから金を借りることが増えていく。「質地証文」がつくられ、千助の時代、質流れとなった多くの田畑を取得していった。

質地証文の事

一　中畑六畝一〇歩
一　下々畑一畝歩
代金五両二分なり　但し江戸文字《ぶんじ》金なり※
右は拙者名畑に御座候ところこの度御年貢諸払い方に差し詰まり申し候に付き書面の畑、その方へ質地に相渡し、右の金子借用申すところ実正なり。但し年季の儀は当丑の暮れより来る辰の暮れまで中三年季に相定め置き申し候。しかる上は御公儀様御年貢御役等の儀は地主方へ御勤めならるべく候。もっともこの地に付き脇より差し構い御座候なく候。

右相定めの通り辰の暮れにまかりなり金子出来候わば請け返し申すべく候。もし金子出来かね候わばこの証文を以て金子出来候節までその方にて手作りおりならるべく候。そのため相渡し申す質地証文依って件のごとし。

文化二年丑の極月日

和名村　地主　弥右衛門　印

証人　文助　印

下和名　千助殿

この史料は千助が百姓弥右衛門から中畑六畝一〇歩と下々畑一畝を担保に五両二分の金を貸した時にとった証文である。年季は三年で三年後に金を返したら田畑は元の持ち主に返し、できなかったら返金ができるまではそのまま耕作を続けてよい。しかしこれはあくまで建て前であり、実際には元の持ち主にもどることはなかった。江戸時代は田畑永代売買禁止令があって田畑を売買できなかったとされているが実際には質流れの形をとって田畑が売買されていた。なおここではこの場合の年貢は直接名主などへ収めるのでなく元の地主のところへ出すということにしていた。

しかし金銭貸借にトラブルはつきものと言えるが、百姓と「ちょうり」とのトラブルの背景には差別があった。

文化九（一八一二）年、千助が下細谷村役人に願書を出した。六年前の文化三年、同村百姓善右衛門の中畑四畝一五歩を質に取り二両を貸し、証文もとっていた。善右衛門がこの土地を小作に出した時も気の毒に思いそのままにしておいたが、翌年の利息は払ったもののその後は催促しても引き延ばされてきた。前年たまった四年分の利息を帳面に書き出し、地方役所にも伺いを立てようと思ったが、大晦日中に支払い、畑も千助に渡すということなので役所への願いを延期して待っていたが未だに支払われず、今年は五年分の利息が銀一二〇匁にもなり難儀しているとして訴え出たのであった。そこでは「百姓とちょうりとの談判（「かけあい」）は別かもしれないが私たちの身分であっても金銭の話は対等（「御同様」）であって私たちのことをおろそかにされては困る」として利息分全額を支払うか小作人からこれまで五年分の年貢をまとめて麦二石五斗、大豆一石二斗五升をとりたてるかのどちらかをとるよう要求している。この結果はわからないが、千助は「金銀かけあい」は身分に関係なく同じであるはずと強く主張したのであった。

※江戸時代度々貨幣の改鋳が行われ、そのたびに金貨、銀貨の貨幣価値が上下した。この時広く使われていたのは元文期の貨幣改鋳によるもので、次の文政期のものもそうであるが裏に「文」の字が刻まれたので文字《ぶんじ》金《きん》と言われた。同じ金貨でもいつのものかによって価値が違ったため当時広く使われた元文の小判、一分金を使っていることを示した。

4　家族ぐるみの田畑耕作

前述のように甚右衛門家は一町三反近くの田畑を所有していた。薬の製造販売もそうであるが農作業は日常的な仕事である。

百姓仕事は忙しい

「天保十年正月　田畑諸人足日記帳」という史料がある。これは七一歳の千助が天保一〇（一八三九）年の一年間の農作業を日記として記録したものである。

この日記を見るとこの地域の百姓たちの一年間の農作業の流れと変わらず、地域の百姓と同じような農家の生活があったことがわかる。

「田畑諸人足日記帳」は天保一〇年の正月一日から一二月二四日まで（なぜか二五日から晦日までの記録は省略されている）、途中四日ほど記述のない日はあるものの毎日、その日の天気と何の仕事を誰がやったのかを克明に記録している。千助は農作業を家族の分を含めて「人足」の仕事と位置づけていたが、女性たちの炊事、洗濯といった家事労働の記述はない。しかし日記の初めの一、二月に「夕　そば」「夕　ひや麦」と書かれている日があり、一、二月中に夕食でそばを一〇回、ひや麦を二回食べている。その後はそば食の記述はないが、そばを打ったのは誰だろうか。また元日の夜に「ひぼかわ（ひもかわ）」というこの地域の名物食を食べている。

甚右衛門家は千助の時代、四反近い田と八反五畝の畑を持ち、いつ頃からかはわからないが馬を一頭飼っていた。寒卵《かんたまご》を江戸などへの土産に持っていっているので鶏も飼っていたであろう。

冬の間は冬仕事で屋内で縄をない、俵を編み、草鞋をつくるなどの作業がある。春になると田畑へ出て、田うなえ、麦作切り、田植えの準備が始まり、麦刈りが終わると田植えにとりかかる。これらの仕事と並行して大豆や小豆、野菜の種まきや芋の植え付け作業がある。その後も草取りや肥やしをつくり、肥やしを撒くなど仕事は続く。夏には大根やそばの種蒔き、そばは三月と七月に蒔いていた。

秋になると麦を蒔き、稲刈りをして脱穀、選別の仕事がある。俵を編み、米を俵に入れ年貢を納める。これらの仕事と並行して大豆、そば、芋、大根などの収穫をする。農作業には暦の知識が必要で二十四節季や雑節※の知識が活用される。

※二十四節季　立春、立夏、立秋、立冬、春分、夏至、秋分、冬至など。

※雑節　節分、八十八夜、入梅、二百十日、土用、彼岸など現在も使われている。

合間を縫って年間通して自家用の草鞋つくりや商売用の草履つくりをしていた。草履の材料となる竹皮の仕入れは六、七月に行われた。一方、馬の皮張りも四回出てくる。

甚右衛門家の農作業を担ったのは、この年共に三一歳の甚右衛門千次郎とこよの夫婦と一四歳の孫娘しげ、それに宇之助、兵蔵、勝五郎の三人であり、あとは必要に応じて村の組下、その家族に手伝ってもらっていた。女性でよく動員されたのは兵蔵の母で後家のぎん、千次郎の弟直次郎の女房なよ、組下辰次郎の女房いそであった。

甚右衛門家には奉公人がいた

宇之助は甚右衛門家に雇われていた召遣いで二八歳、勝五郎は組下直蔵の召遣いで二六歳、必要な時に直蔵から借りたと思われる。兵蔵は人別帳で見ると後家ぎんの一〇歳の息子である。父が二六歳の若さで病死したため、年寄りをかかえて一人がんばっている母を助けるため、まだ一〇歳だった兵蔵が甚右衛門の下で奉公していたのであろう。甚右衛門家でも生活に困っている家の若者を即戦力にならなくても雇い、見習いとして育てていたのではなかろうか。

甚右衛門家では奉公人(召遣い)には人請手形を親に保証人(請け人)をつけて出させていた。この時のものではない(享和三年、村内の若者嘉助一八歳を雇った時のもの)が文章はいつも同じ形式である。

一　この嘉助と申す者、実体なるもにて、当正月より来る丑年正月晦日まで丸二年季さしおき、給金一両二分もらい請け、その上夏、単物《ひとえもの》、冬、木綿袷一つずつ下さるべきはずに相定めおき申し候。しかる上はそこ御家の作法相違なく相勤め申さすべく候(以下略)

年季は一、二年が多かったが長いものもあった。給金や支給品には若干の違いはあった。千助も七一歳であるから直接仕事には携わらなくても、日記を付けることを通して家内の仕事を目配りしていたのであろう。もちろん千助も見ているだけでなく仕事もしていた。日記に出てくる千助のやった仕事を見てみよう。箕づくり、田直し、麦刈り、田あらくれ（荒おこし）、飼い葉切り、竹皮買い出し、草履つくり、障子張り、唐臼直し、はしごつくり、米を売りに行くなどが記録され、薬の調合や薬を入れる包みや袋張りなど薬屋の仕事も記録されている。また目的が書かれていないのでわからないが頻繁に松山、川越、熊谷に出かけている。

千助は小頭を引退した年寄りなので作業にはそれほど加わってはいない。しかし、若くて現役の小頭の頃はこの時の小頭、息子の千次郎と同様小頭としての仕事とともに農作業でも中心になって働いていたであろう。

農作業はやることがいっぱい

日記帳に記録されている甚右衛門家の一年間の農作業の用語を見てみよう。

あらかき、田うなえ、土掘り、土こなし、作切り、くろ（畦）きり、くろ（畦）つけ、田掻く、草とり、稗ぬき

麦刈り、田植え、稲刈り、蕎麦蒔き、粟蒔き、人参蒔く、大根、芋植え、大豆蒔く、小豆蒔

く
馬屋肥えとり、（肥え）溜だし、肥えちらし、飼い葉切り
くね（生け垣）ゆえ、くね作り、はしご作り、薪伐り
縄打ち、俵編み
箕作り、草履作り、鼻緒、草鞋作り、竹皮買い出し
唐臼、米つき、もろこし、麦つき、あわ（粟）つき、餅つき
馬皮張り

「田畑諸人足日記帳」を抄出してみよう。

（正月）三日　くもり日なり
一内仕事　　内人足
　ぞうり作り頼み候　　おさよ殿（組下岩治郎の養母で四五歳）
　　夕そば
四日　くもり日なり
一内仕事　　内人足
　　おさよ殿

同八つ時よりゆき少しふるなり

この日藤二郎一件始り

五日　天気風ふく

一内仕事　　　　　　　内人足

　年始ぞうりこの日迄出来なり

（三月）十三日　天気勝れざるなり

一からうす　　　　　　千次郎（甚右衛門）

　　　　　　　　　　　宇之助（甚右衛門召遣い）

　　　　　　　　　　　おこよ（甚右衛門女房三一歳）

　未時より　　　　　　兵蔵　（甚右衛門召遣い）

十九日　天気勝れざるなり

一わり引　　　　　　　おこよ

　　　　　　　　　　　宇之助

　　　　　　　　　　　兵蔵

（五月）十九日（十八〜廿日田植え）天気なり

　　　　　　　　　　　千次郎

一田うゑ　　　　　　　おこよ

おしげ（甚右衛門娘十四歳）
勝五郎（組下直蔵召遣廿二歳）
久米二郎（組下廿九歳）
（角分）　乙八（組下常治郎養父四六歳）
（同人内方）※乙八夫婦は前年の人別帳では欠落で行方不明中
彦太郎（組下四四歳）
おぎん（兵蔵母、後家三二歳）
おなよ（組下直治郎女房廿五歳）
常二郎（組下、極貧者）
おちゃう（組下弥曽八養母五六歳）
田うゑ方合わせて十二人
田かくなり　兵蔵
四つ時迄　安五郎（組下要吉悴十六歳）
それより　おさよ（組下岩治郎養母四五歳）
〆十五人
甚印（千助）　はしご作り

（九月）十三日　くもり日なり
一半日東田かり　　　男二人
それよりわらまるく
稲こきなり　　　　おしげ
わら入に懸け　　　男二人
十四日　天気なり、夜に入り大風
一朝稲かり　　　　男二人
　　　　　　　　上谷田かり
それより馬屋こゑ取はじめ
千次郎江戸へ行く
（十一月）七日　天気なり
一朝馬皮はり　忠蔵方分　内二人
干物出す　但し籾なり
同夜からうす引く
八日　くもり日なり
一朝とうみ　　　　兵蔵
米引く　　　　　　おこよ

千印（千次郎）江戸へ行く、岡村無尽一件に付き
　この日四俵米出来、ぬか少し俵つめ申し候
九日　あめふり　　　　　　　　兵蔵
一朝新米つく　　　内仕事　おこよ
　　　　　　　　　　　　　おしげ

なおこの「田畑諸人足日記帳」の二月一二日に「この日上郷より一一ケ村川越へ箕の訴えに行く。丸五百人余なり」と客観的に事実だけが記述されている。これはこの年、この時に荒川の堤改修工事で不正があったとして大里郡の百姓たち五千人が川越藩に訴えた「蓑負騒動」と言われた百姓一揆のことである。明和元（一七六四）年、武蔵国を中心に中山道沿いの百姓一〇万人以上が参加した大一揆の伝馬騒動の際当時の甚右衛門、千助の祖父が組下は一切参加せず、自身番を置いていたとの報告を出しているので政治的、社会的事件には関わらないようにしていたと思われる。

5　父の死

送りみる文字はまことかたみなれ親の心をぢっといただく

享和三（一八〇三）年、父一〇代甚右衛門喜平次が病死した。千助三五歳、父喜平次六八歳だった。小頭を継いで七年経っていたが、父は頼りになる存在であった。

享和元（一八〇一）年に千助が病気になった時には父喜平次が仕事をしてくれた。

喜平次は一一月二一日に亡くなるのであるが、その前、一一月三日に千助に「暇の一首（辞世の句）」を送っている。当時、千助が親戚で松山村の組下清八、吉蔵兄弟らを博奕の疑いで訴え出ていて彼らは入牢となっていた。千助はこの件で弾左衛門役所に呼び出されていたが、重病の父喜平次を心配しながらの出張であった。

喜平次が死期を感じて「よしみあるものを二人入牢させこれが死出の土産となるか」

「書き送る文字はかたみの□ぞかしたとへこの度存《ながらえ》るとも」と飛脚を使って送ると千助はすぐ返歌した。

「よしみある二人そのみのつみなればなにか不便《ふびん》と思ふことなし」さらに「送りみる文字はまことかたみなれ親の心をぢっといただく」と詠む。

博奕事件訴訟

父の死の直前、千助は自ら訴ぇ出た訴訟で浅草にいた。

訴訟は親戚である隣村松山村清八の博奕に関わる事件であった。清八は子どもの頃母親が亡くなったため甚右衛門方で引き取り養育し、成長したあと松山村に帰り、家を持ったという人物である。五年前松山村で博奕で捕まり入牢した事件があった。博奕厳禁ということは弾左衛門役所からも固く言われており、清八は兄弟同然に育った者なので常々法にふれることをしてはいけないと申し含めていた。ところが千助が用事があってこの年七月晦日に清八宅を訪れると、たくさんの人が集まり博奕をしていた。そのなかには清八の弟吉蔵や五年前の事件の際逃げてお尋ね者になっていた千蔵が平八と名を変えて松山村にもどり博奕に加わっていたこともわかった。松山村の小頭に報告しようとすると、もうやらないと詫びたので不憫に思い、今後博奕は一切しないよう厳しく言い渡して表沙汰にしなかった。その一か月後、村々を回り甚右衛門宅に泊まっていた畔吉村の桶屋長八が熊谷に買い物に行くというので、和田村の伝右衛門の所へ綿入れを届け、かわりに伝右衛門のところに預けてある羽織を持ち帰ってくるよう頼んだ。帰ってきた長八に聞くと綿入れは届けたが羽織の方は帰りに清八方で博奕をやっていて誘われたので長八もやむを得ず加わり、羽織を質に入れたら負けてしまったと言い訳した。すぐに清八のところへ行き、博奕をしないという約束を守らないだけでなく自分の羽織まで質にとって博奕をやらせるなどとんでもない（「捨ておきがたい」）と叱るとともに松山村小頭に報告した。ところが松山村小頭の言うことは、他村では話は聞くがこの五年以来、当村で博奕をやっている者はいない、一か月前にもあったと言うが、その時こちらには連絡もなく組下に確かめたところ誰もやっていないと言っているとの返事であった。

お尋ね者の平八が村にいることを隠すような小頭だから村内で博奕をやっていることも隠していると弾左衛門役所に訴え出た。ところがその後すぐ長八が欠落していなくなってしまった。関係者が呼び出され、清八兄弟、平八らは入牢となった。

父を見舞う手紙を送る

訴訟のための浅草出張は長期の滞在となり、父の病状はどんどん悪くなっていて心配でたまらなかった。何度も手紙のやりとりをしたと思われるが、九月二六日付けの「御親父様」宛の書状が残っていた。現代文に意訳してみた。

「貴親様」の御病気でずっと安心できず、浅草でも毎朝信心を怠ることなく過ごしています。この度病状に変化があったと聞き、こちらの神主様(白山神社か)に御祈祷を願い、私が帰村するまで一命を延ばしていただくよう神社に御札を差し上げました。この度の出入り一件も時間がかかっていて私の帰村も延びると思います。病気の快気を願っています。薬を二服とそのほか中町で七七二文で買った薬を送りましたので御安心下さい。私も御役所様に父

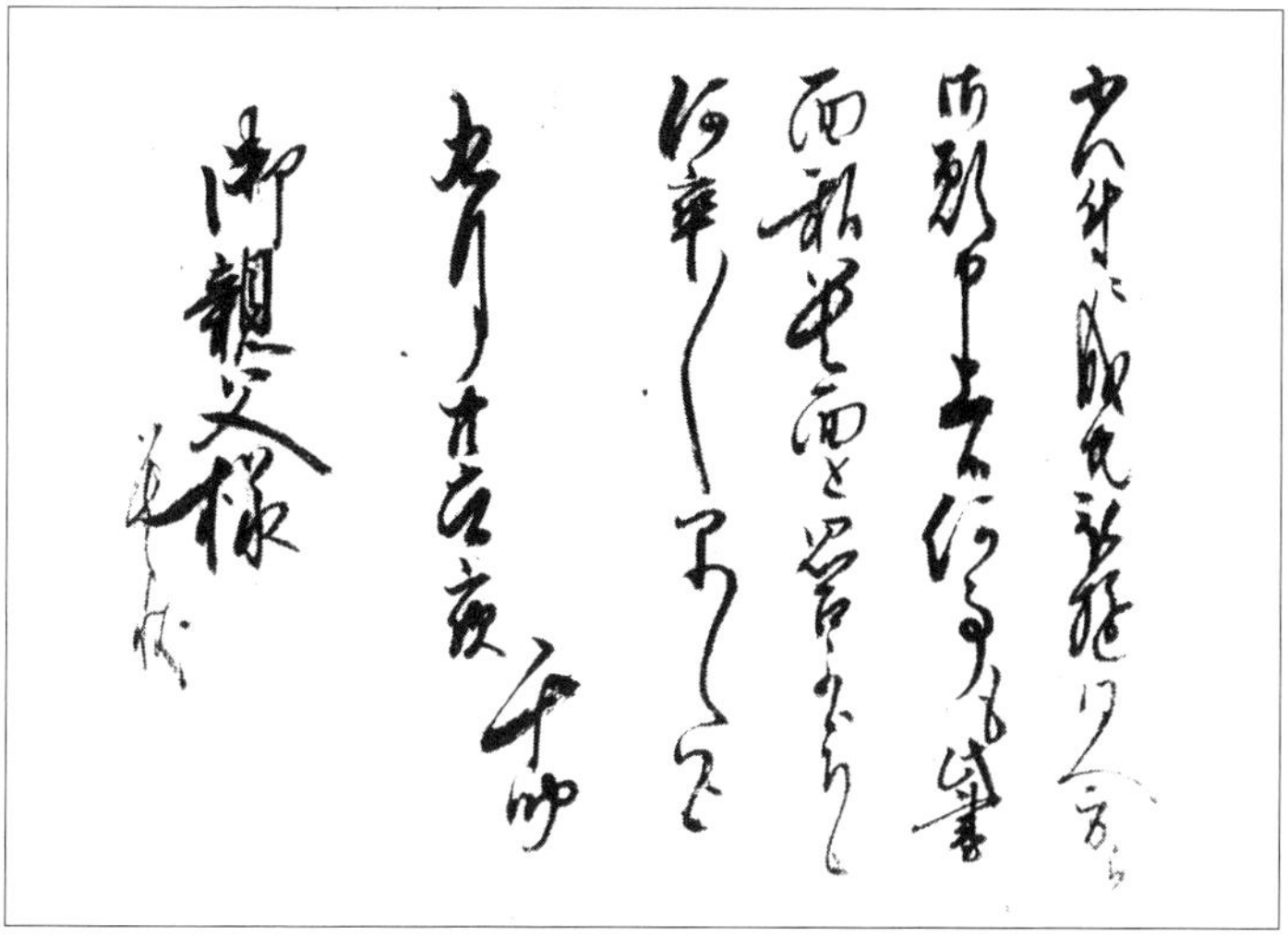

病気見舞の消息(手紙)

が重体なので帰村したいとお願いしたのですが、親が病気であれ、病死したとしても帰村は認められないと仰せ渡されました。もしものこと(「千一の儀」)があったとしても私が先月出訴した時、「貴親様」の「御勇顔」を拝して出てきたので首尾よくいくと考えています。

　またいつも「貴親様」の「心願」の品々を頂いておりうまくいくと思います。そのほか連絡したいことは弟彦助に話して下さい。「何とぞ何とぞ」この書面を私とお考え下さい。

追伸

　この一件について帰村が許されていませんが、私は少しも「難儀」とは思っていません。ご心配しないで下さい。私の気持ちは文章では書き表せません。

父は子どものことを心配し、子は重病の親を心配し、自分のことは心配しないでと書き送る。親子それぞれの思いがこもる書状であった。

訴訟は証拠不十分で終決

父が亡くなったので一旦帰村したが、葬儀が終わって再度呼び出された。清八たちは菩提寺の砂利工事で集まったが、雨のため菩提寺でもらった酒代で酒を飲んでいただけで博奕はやっていない、長八が自分の袷を買おうとして銭が不足したため無理矢理羽織を質に入れたと主張していた。

役所の判断は、千助が自分は七月に博奕をやっているのを見たので今回もやっているのではと主張しているが、七月もふくめて証拠がない。長八も逃亡して確かめられないので証拠不十分とし、清八たちは出牢、とりあえず宿預けとなった。ただ平八だけは留め置かれたようだが、千助の訴えは認められなかった。

喜平次の歌には親戚の清八兄弟のことが心残りであることが詠われている。しかし千助の歌では二人の罪は自己責任で「不便《ふびん》」ではないと突き放し、一旦は内密にしてやったのに裏切られたという思いが感じとられる。その点では喜平次、千助親子の考えは異なっていた。

喜平次、千助親子の手紙や歌のやりとりを見ると親子の互いのことを心配している思いを感じとることができる。

6　三男の出生と早世

七人の子どもの内四人が早世

「鈴木家文書」は人別帳が五二点もありそろっている方である。人別帳は家族と地域の状況がわかる貴重な史料である。しかし七三年間生きた一一代甚右衛門の時代の人別帳は※毎年つくられていたはずであるが二一点しかない。そのため知りたくてもわからないことがたくさん出てくる。

※人別帳は地域によって若干の差はあるもののキリスト教禁止のための宗門改めと、戸籍把握としての人別帳の機能は基本的に変わらなかった。町方、村方の宗門人別帳は享保期から六年に一度の作成、提出でいいとされたが、弾左衛門配下の「ちょうり」「ひにん」の人別帳は毎年作成し弾左衛門役所に提出しなければならなかった。

残念ながら千助が女影村文七の娘そのといつ結婚し、いつ子どもが生まれたかがわからない。寛政七（一七九五）年の人別帳によって千助が二七歳までは独身であったことがわかる。次に出てくる文化元（一八〇四）年の人別帳で千助は甚右衛門となり三六歳、女房そのが二七歳で、長男が生まれ夭折したかもしれないが子どもはいない。その後長女のくまが生まれ、文化一〇（一八一三）年の人別帳では千助四五歳、女房その三六歳、娘くま八歳、忰千次郎五歳、忰藤次郎二歳と出てくるので子どもたちの生まれた年がわかる

千助には子どもが七人いた。名前不詳の長男、長女くま、次男千次郎、三男藤次郎、四男直次郎、二女たみ、五男文助である。この内くま、千次郎、直次郎以外は早世したと見られる。普通次男につけられる次郎が三人もいる。次男千次郎が跡取りとなったため、藤次郎を次男と考えたが、早世したため次の子どもにも次郎をつけ直次郎としたのであろうか。

家族にとって子どものことは喜びであり悲しみであり心配は絶えない。

子どもが疱瘡にかかる

「文化十年　疱瘡祝へ覚えの帳」がある。これは千次郎が五歳で疱瘡（天然痘）にかかった時の病気見舞いと快気祝いの史料である。実は千次郎が二月二十八日に疱瘡にかかり三月二日に治ったあと続けて二歳の藤次郎が疱瘡にかかり三月一〇日から二一日まで臥せていた。疱瘡は死に至る病で江戸時代平均寿命が短かったのは子どもの死亡率が高かったためでもあり、そのなかで疱瘡によるものが最も多かったと言われている。親たちにとって心配であったろう。母方の祖父文七を始め女影村の人々や「むら」人も見舞いにかけつけた。三月一日朝には快気祝いとして世話になった人々に酒と赤飯を振る舞った。引き続き藤次郎の時も同様であった。

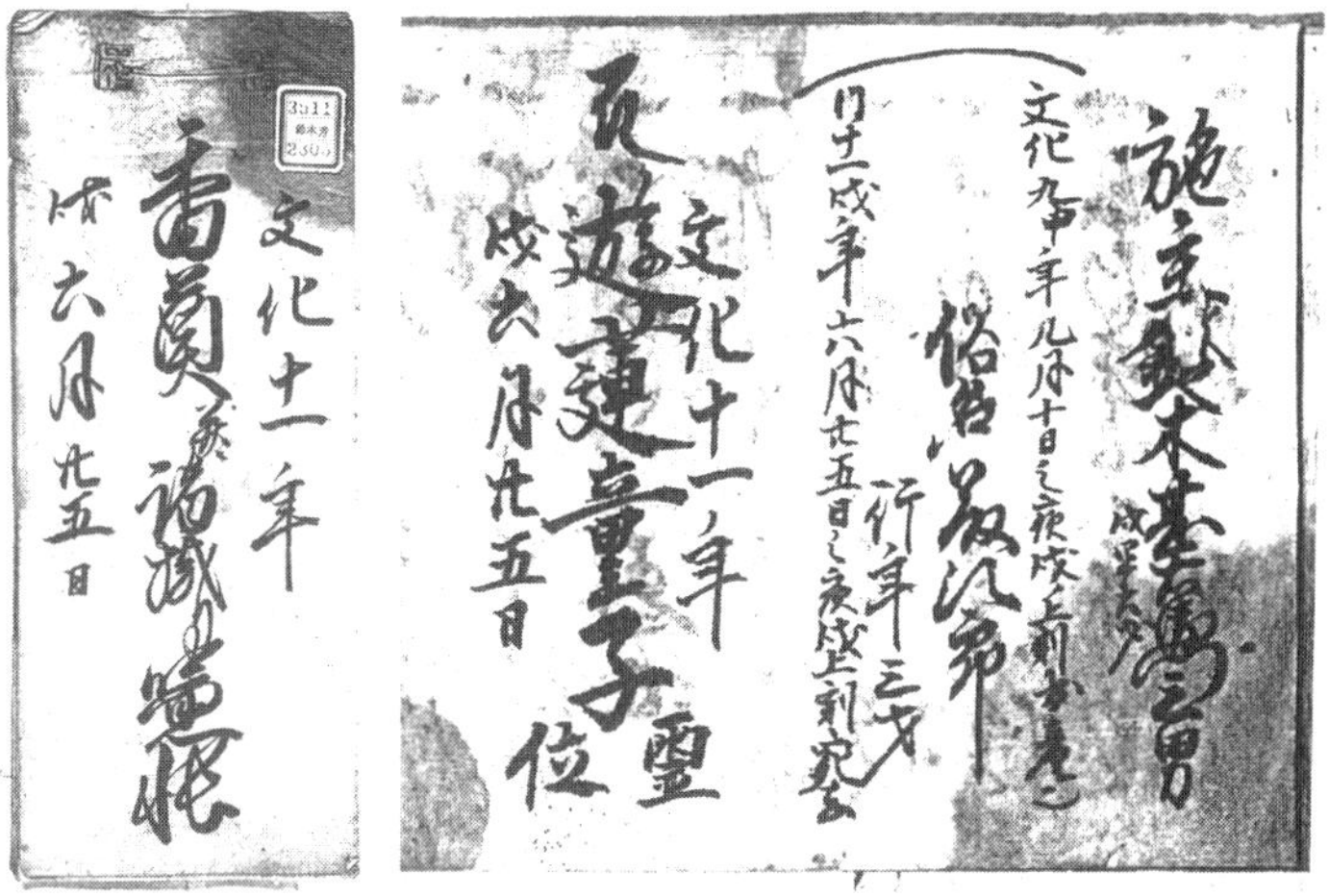

香奠并ニ諸掛リ覚帳（左表紙、右本文冒頭）

三歳の子が亡くなった

このあと文化一一（一八一四）年六月二五日、三男の藤次郎が他界した。行年三歳とあるが、出生は文化九（一八一二）年九月一〇日とあるので、満年齢にするとまだ一歳九か月である。かわいい盛りであり深い悲しみが広がった。

　甚右衛門家は薬屋であるから自分の家にある薬はすべて試したであろう。子どもの命が危ないと思えば医者を頼み、近くの薬屋に他家の薬を頼み、さらには岩殿山に使いを送り祈祷をしてもらった。

　しかし家族の願いもむなしく藤次郎は二五日の夜戌の上刻というから今の午後七時ごろに亡くなった。千助は悲しみをふりきり葬儀の準備を始める。翌二六日の早朝、「むら」の二人を頼んで菩提寺の大蔵村向徳寺に走らせた。九つ時（昼一二時ごろ）寺からは住職以下四人の僧がやってきた。「遊蓮童子」と戒名（法名）がつけられ、八つ時（午後二時ごろ）葬儀が始まった。「文化十一年　香奠ならびに諸掛かり覚え帳」を見ると葬列の様子がわかる。先導は千助、その後に留蔵と林蔵の二人の若者、たいまつ持ちが召遣いの松五郎、膳持ちがおとら（和名村の人別帳には名前がないので母親の実家のものか）、天蓋のさしかけ役が召遣いの乙八と続きその他「むら」方、親類が続いた。六月二五日は新暦では八月初めになり真夏のため葬送を急いだのであろう。この覚え帳にはもらった香奠の金額と葬儀の経費が書かれている。香奠はさまざまであるが百文が多く、母方祖父の女影村文七は二百文出している。また振る舞いに必要とそうめんを出した家もある。葬儀は二六日、二七日と行われたようで、二六日朝から「むら」は総出で炊き出しを始め準備を始めた。また酒を大量に用意し、米も「下」の白米一升二合、「上」の白米を四斗六升でこの代金四貫文、小麦も一斗五升、小麦粉四升五合、この代金七百文を用意した。二六日夜振る舞いをしたのは五九人で、翌二七日の朝食も二八人以上に振る舞っている。米は玄米で買ってくるので精米は男たちの仕事であった。小麦はうどん用であろう。とにかく男女老若「みなみな心をそろえてはたらき申し候」と千助は感謝の言葉を書いている。母方の祖父文七は二七日夕食の冷や麦も食べているので孫と娘のことが心配だったのであろう。またお供え用に白瓜を買い求めており、この時代の高級野菜で供え物としても尊重されていた。寺へのお礼は住職に南鐐銀貨一枚（二朱）、手伝いの小僧に三百文、他に綿入れ一つ、単物一つなどを送り、寺関係に二朱と七百文をかけている。

第5章　家督を譲って

天保四（一八三三）年、千助は六五歳になった。ゆら一件を始め忙しく動いていた千助は、息子の千次郎が二五歳になりそろそろ小頭として育てなければいけないと考えたのであろう、小頭役を千次郎に譲った。千次郎はまだ経験不足であり、千助は引退後も千次郎を助け忙しい毎日を送った。

1　磔御仕置

磔御仕置が来た

千次郎に小頭役を譲って二年後の天保六（一八三五）年、千助六七歳の時である。二月二四日、弾左衛門役所より南町奉行所掛かりの囚人と弾左衛門役所の役人、人足を送ったので準備するようとの指示が二六日に届いた。その触書では二九日に下細谷村で「磔御仕置」があるので準備するよう指示されていた。罪人は今泉村百姓の宮吉二五歳でこれまで武州村々で土蔵の壁をこわしたり屋根に穴を開けたりして忍び入り盗みを働いていた。今度は隣村の下細谷村百姓覚右衛門方へ盗みに入り、顔を知られているので生かしておいてはまずいということで、夫婦子どもまで殺し金銭を奪い火をつけたということで、「不届き至極につき磔」の処分が下された。

今泉村も細谷村も和名村の隣村であり、甚右衛門の職場であることからすべての手配を甚右衛門がやらなければならなかった。この時小頭役を譲ったばかりの息子の甚右衛門千次郎が病気だったこともあり、すべて千助が取り仕切り、「磔御仕置」に関するすべての経過を詳細に記録した。

それによれば事件が起きたのは前年一一月のことで磔、獄門等の刑は犯罪の起きた場所で執行されることが多いため、千助は二月に年礼のあいさつで弾左衛門役所に行った時、内々の連絡を受け、情報を得ていた。

御仕置の準備を始める

二月一二日に浅草から帰って「むら」の人たちを集めて相談をする。当時は天保の大飢饉の最中であり生活が大変な折りであるが、多額の費用が必要になると協力を求めた。「むら」人ほとんどが動員されることになるが、その際は普段着ではなく身なり、服装を整えなければいけなくなることも伝えた。三月晦日までの返済ということで質屋から一五両、地方名主から五両を借金し、必要の品々を買い求めた。たくさんの人が集まるため食事の準備をしなければならず、名主は米一〇俵を出し、醤油一樽、炭一俵を用意し、仕出しや髪結いの手配までした。代官所からの錺鑓《かざりやり》二本と三つ道具（突棒《つくぼう》、刺股《さすまた》、袖搦《そでがらみ》）一式、六尺棒二本が下細谷名主から渡され、それには四人の名主が立ち会った。

弾左衛門役所からは二人の手代と浅草の「ひにん」が派遣され刑場の準備をした。罪人の移送には各地の「ちょうり」たちが動員され、前日に箕田村まで来ていた。当日は朝早く罪人を籠に入れて出発し、四つ時（一〇時頃）下細谷村に到着しすぐに刑は執行された。

罪木が削りとられた

刑の執行後三日間はそのまま晒し、そこには昼夜を問わず番人として周辺の「ちょうり」小頭の協力を得て「ちょうり」、「ひにん」が六人ずつ配置された。その後罪人は三月一日に刑に使った罪木とともに埋葬された。その後は罪状を記した捨札が三〇日間立てられ、三月二九日にそれも撤去された。ところが罪木の一部を削って持ち去ったり、捨札が用水堀に放り込まれたり、そのうち行方不明になったり、いろいろ事件が起きたため毎日見回りをすることになった。

地方の農村の村にとって磔の刑など一生に一度あるかないかの大事件である。江戸からは南町奉行所、火付け盗賊改め、関東取締出役の役人、弾左衛門役所の役人、地方では代官所と名主などの村役人が集まり、人足は「ちょうり」、「ひにん」だけでなく百姓も動員されるという一大行事となっていた。

磔刑の費用は誰が負担？

この大行事をとりしきる実務上の責任者は千助であったと思われる。千助は磔刑の材料費用を三両二朱と六五五文と計算し、その内二両二分を弾左衛門役所から受けとった。また四年後の天保一〇年に弾左衛門役所から三両三朱と一五六文が当日の食事費用、掛りの者への手当分として渡され、これを村内で分配した。しかし当初千助は準備のため二〇両を借金しており、弾左衛門役所から支給された金は全体でかかった費用の一部でしかなく、多額の支出を和名村と周辺の村の「ちょうり」たちが負担したと思われる。

2　息子が心配

天保一二（一八四一）年七月、千助は七三歳で病没する。しかし、この前後から息子の甚右衛門千次郎と「むら」の組下たちとのトラブルがたびたび生じていた。また病気がちであったようで小頭の仕事を父千助や組下に頼んでいた。千助は小頭退任後も千次郎を助けてきたが、心配であったのではなかろうか。

天保一二年三月、対立の原因はわからないが甚右衛門千次郎三三歳が小頭役ができないので小頭を退役すると言いだし、地方領主の役所が間に入って千次郎と組下の代表小組地役三人を呼び出し、「熟談」して解決している。

千助の死後のことであるが、同年一二月、これも原因はわからないが、組下の直蔵と「女房二人」が甚右衛門宅へ「踏み込み悪言」を言ったので、甚右衛門千次郎が弾左衛門役所に訴えたという事件が起きている。直蔵はこれまでも見たように馬皮を多数取得し、仲買人であり、「むら」の組下惣代になる当時五三歳の有力組下である。

この直蔵の件は後を引いたようで、翌天保一三年二月には直蔵が死んだということで組下たちが相談しようとした道すがら、組下冨八らと千次郎がすれちがい口論になった。その際千次郎が自宅へもどった時に転んで、障子をこわしてケガをしたのを、千次郎が冨八らが自宅に押し入って「打擲」し、障子などを破ったと訴えたため訴訟になった。弾左衛門役所だけでなく地方役所も入り、事実は組下たちの主張が認められたようだが、組下たちが「心得違い」「不調法」だったと謝って示談となった。

この背景には馬爪をめぐる組下と甚右衛門千次郎の対立があった。天保一二年六月、小頭甚右衛門千次郎は組下たちにこれまで斃馬があった時、馬の爪は場主がとっていたが、これからは馬爪も小頭に差し出すよう申し渡した。組下たちは驚き、組下総代の直蔵がこれまで通りにしてほしいと意見を言ったが千次郎は無視した。

七月に入り、直蔵所持の職場で斃馬が見つかり、「ひにん」が皮をとって持参したが爪がないので訊ねたところ、千次郎から爪は甚右衛門千次郎のところへ持参せよと言われていると答えた。直蔵たち場主が相談し、千次郎に従来の仕来り通り馬爪は場主のものにしてほしいと掛け合ったが、千次郎は応じなかった。建て前上は馬皮も馬爪も個人で勝手に売買することはできず、「むら」に皮等を買いにやってくる商人に直売りしないという証文を毎年出していた。しかし、和名村では一部の馬皮や馬爪を個人で処分することが内々で認められていたようだ。

この対立を地方の百姓が聞きつけ、名主伴助、組頭の伴七、金次郎、代次郎、百姓代の新蔵が集まって相談し、「村内さしもつれ」はお互いによくないと間に入り、両者を呼んで話を聞いた。その結果、仕来り通り馬爪は場主がとることで甚右衛門千次郎も納得したので熟談するようにとの連絡が名主から直蔵ら組下のところへ入った。そこで千次郎のところに行くと話は違っていて、千次郎はそんなことは認めていないと言う。組下一同相談し「難渋の旨銘々これを申す」という状態で、だいたい先の小頭千助は「組下どもを万事いたわりくれ一同安住いたしおり候」だったが、今の小頭は「私欲に迷い非道なる取り計らい」をもう八年前からしている。和名村正伝寺の弘法大師千年忌の際、「むら」の者一同へ金子一分下され、みんなに配分するはずだったのに、今に至るまでそのままにしている。その他「むら」みんなのものである金銭の処理が不明朗であることを列記し、これを問題にすると小頭の身分にも関わるので我慢していたが、それをいいことにして今度は馬爪までも「無体」にとりあげるのでは「一同安住あいならず」と弾左衛門役所に直蔵、庄蔵を代表にして「組下一同連印」して訴え出た。千次郎の弟直次郎は印は押さなかったが、理解を示し兄にかけあったが変わらなかった。

ところが一二月、弾左衛門役所は関係者を呼び出し、直蔵は入牢、庄蔵は手鎖、宿預けを言い渡した。直蔵は入牢後体をこわし出牢が許されたが一月二二日に病死した。弾左衛門役所は馬皮、馬爪などを「ちょうり」個人が勝手に処分することを認めていないので当然の決定であったのだろう。

その後地方の名主、組頭と浅草新町の両者の公事宿が参加して「熟談内済」した。その内容を示す史料（済口証文）がないのでわからないが、多分馬爪は従来通りになったのではなかろうか。それを受け直蔵、庄蔵の処分はなくなり、甚右衛門千次郎の体面を保つため、組下側が謝罪文（「誤り一札」）を出し、千次郎の江戸出府費用の一部を負担するということで決着した。

しかしこの後も千次郎と組下のトラブルはあったようだ。また「鈴木家文書」で一二代甚右衛門千次郎時代のものが、家業の売薬の「家秘相伝神通散日記」を除いてほとんど残っていない。小頭にとって多くの記録を保存することは大事な仕事であったはずだが体調がよくなかったのではと想像するが、あまり記録をしなかったのではなかろうか。

甚右衛門千次郎は嘉永二（一八四九）年、四一歳の若さで病死する。千助の孫の政治郎はまだ二〇歳で自分も病気がちで小頭を務められないと固辞したが、組下一同から他に人はいないと強く薦められて一三代甚右衛門を襲名し、翌年弾左衛門役所から認められた。一三代甚右衛門は幕末（万延元年）の地方の百姓たちの「ちょうり」が田畑を持つのは心得違いなので田畑を百姓に返せという差別的要求に対し粘り強く闘って、「ちょうり」の田畑を守り、明治維新を迎えることになる。

3　忙しかった

最後に千助の人生をまとめてみよう。忙しかった。いろいろ心配ごとや悲しいこともあった。何よりも差別があることに怒りを感じていたであろう。しかし、伊勢や金毘羅にも出かけ、関東、東日本の有名な寺社も一通りは回った。旅の途中では酒を楽しみ、日頃の憂さ晴らしもできたであろう。

甚右衛門家に残された文書は多い。現在以上にすべて物事は文書によって記録され残される。文書は誰か書き役専門の書記がいたわけではなく、文書が成立するにはすべてそれにともなう活動があった。活動しながらそれを記録し、整理、保存をしなければならない。一件、一件の書類もあるが帳面で何年にもわたって記録し続けるものも多かった。

甚右衛門家は百姓（農民）であり、農業には農繁期と農閑期があるものの一年を通して仕事はいっぱいある。多くの百姓は朝早く起き、毎日野良仕事に出かける。

薬屋を営んでおり、薬材の仕入れや採集、そして調合、販売で来客は年中であった。遠隔地からの客には宿の手配もした。

百姓である以上年貢を領主に納めなければならない。年貢米とともに田方年貢、畑方年貢、夫銭、国役その他さまざまな名目で懸けられた金納の年貢を名主のもとに届け、質流れ地や小作地

菩提寺向徳寺

の場合は地主のもとに年貢米を届けていた。「ちょうり」小頭としての仕事にあった。

甚右衛門家本来の任務は「ちょうり」小頭としての仕事にあった。

弾左衛門役所からの触れ書、回状、差し紙（呼び出し状）は頻繁に来て、回状はすぐ写して次の小頭のところに送らなければならない。

職場を持ちそこで生じる斃牛馬の処理を「ひにん」に命ずるとともに牛馬皮（と言っても甚右衛門の職場ではほとんどが馬皮であった）を浅草に送らなければならない。毎年二月には弾左衛門役所に新年の挨拶をしに行かなければならないが、その際には人別帳をつくり、まちがいがないか組下、手下それぞれに確認して印を押させ持参する（人別帳作成の手数料は徴収する）。また職場年貢銀、家別役銀、小屋役銀等の年貢を集めて持参しなければならない。

「むら」のなかで、また百姓との関係でいろいろな事件が起きる。特に百姓との関係では小さな事件も大きくなってしまう。もめごとがあれば出かけて話をし、示談にして詫び状を出すこともある。

菩提寺の檀家総代として菩提寺とのやりとり、さまざまな寺社から頼まれる出銭（奉加、勧化）、年礼その他小頭として用事で浅草に出かける際の諸費用などもすべて記録していた。

天保九（一八三八）年、千助七〇歳の時、菩提寺向徳寺から生前戒名（法名）を認められた（これを「逆修《ぎゃくしゅ》」と言う）。布施をたくさん出した上でのことであろうが、千助は生前戒名の免許状を「当家重代の宝物」として「この御許し状、当家子孫永久大切に所持致しおき候事」と記している。

千助の活動は多岐にわたり、弾左衛門役所や村役人、百姓との関係、他村の「ちょうり」との関係、菩提寺や神仏（寺社）との関係、薬屋の客、そして何よりも二〇数軒の配下の「ちょうり」「ひにん」をまとめることに力を注いだ。鈴木政徳（千助）、一人の「ちょうり」が江戸時代の身分制社会をかけぬけた。

最後に甚右衛門家の史料から千助の小頭時代に村内で起きた事件を拾いあげてみると次のようになる（史料が全部残っているわけではないので一部である）。次々といろいろな事件が起きるが、酒を飲んでのトラブル、組下、手下「ひにん」の欠落が目立ち、百姓側の差別事件も多い。しかし事件をよく見ると飲酒はなかったにもかかわらず酒のせいにして済ませることも多かったようだ。また欠落も本当の理由は別だったり、はっきりしないものを寺社参詣の旅に出たので許したことにすれば責任を免れるということだったのであろう。

年	月	村内で起きた事件
寛政八年		
九年		
一〇年	二月	千助が百姓から買った畑について百姓側から面積の異なる土地証文が出され、どちらが正しいか争い（出入り）になる。
	一一月	近くの大和屋から「ひにん」角兵衛は店に入るなと言われたが、店に入って身分不相応の品を買ったとして、購入品を返却して今後店への出入りをしないと小頭に誓約書（一札）を出した。
一一年	一〇月	組下の友右衛門と九八の間で屋敷地の境について争いが生じ、村役人をまきこむ争いになった。友右衛門の忰忠蔵が弾左衛門役所に駆け込み訴えをして公事宿が入り解決した。
一二年	七月	藤右衛門の店に入るなと言われたのに「ひにん」角兵衛が入って咎められたので今後出入りしないと小頭に一札出した。
	七月	百姓たちが博奕をしているのを見つけた「ひにん」がなぐられ金品をうばわれた。（本文参照）
	九月	「身持ち不埒」で所払いになった箕田村の組下平蔵を預けられる。
享和元年	一月	平蔵が組下と酒を飲んで支払いをめぐりトラブルになり、今後平蔵とはつきあわないと言われたため、自宅まで押し入って乱暴を働いた。呼んで話をすると千助にも悪口雑言を言うので何とかしてほしいと弾左衛門役所に訴えた。
	二月	平蔵の件で公事宿が間に入り、平蔵のふるまいはすべて酒に酔っていたことにして、今後平蔵が酒を飲む時は一人で飲むことにして甚右衛門に一札を出した。

年	月	村内で起きた事件
	三月	甚右衛門組下九八弟藤七が柏原村の「ちょうり」小頭覚右衛門の婿養子になったが、覚右衛門と対立して家出をした。覚右衛門が隠居するならもどってもよいと言ったりするので話はこじれ、覚右衛門は九八方で引きとってほしいと言ってきた。九八がそれを断り、甚右衛門と覚右衛門両小頭の話も決着つかなかったが、弾左衛門役所で柏原村内で解決するよう指示された。
二年	二月	組下文六の欠落届け。
	六月	平蔵が下細谷村久兵衛方で酒を飲み悪口雑言したため浅草役所に訴えられ、今後久兵衛方には行かないとの一札を甚右衛門に出した。
三年	閏一月	下細谷村の久兵衛の家が打ち破られるということで、閏一月二四日から三月二一日まで毎晩「ちょうり」一人、「ひにん」一人ずつの番人を出した（計一一四人）。
	二月	文六帰村届け。
	八月	松山村での博奕に親戚筋の清八が加わっていたのを摘発して浅草役所に訴える。（本文参照）
文化元年		
二年	四月	組下源太郎忰飯助の欠落届け。預かっていた組下平蔵の欠落届け。
	五月	組下忠蔵が煮売り酒屋で酒を飲み帰ろうとしないので千助に連絡が入り、組下を派遣したが自宅に帰らず千助宅へ来て悪口雑言を言ったので組合や石戸村の里修験の修験者が間に入り、忠蔵を組合預けとして、謝りの一札をとった。（本文参照）

	五月	「ひにん」小屋頭角兵衛が甚右衛門がいるのに気が付かず悪口を言ったとして出訴するところを忠蔵と同様有力組下の九八、弥平次と石戸村の修験者が間に入って一札入れて解決。ただし角兵衛は謹慎させられ、配下の「ひにん」がかわりに職場の見回りをした。
	六月	百姓兵右衛門の悴仙蔵二六歳が親子親類相談の上「ひにん」角兵衛の「抱えひにん」として縄でしばられ引き渡され「ひにん」になった。しかし二日後に親元へ忍び入り女房を連れだし欠落した（この部分が史料虫食いのため判読できない）と思われる。
三年	一一月	組下忠蔵の欠落届け。
四年	五月	組下源六の妻が若者たちに悪口を言ったので若者たちが文句を言ったのを源六が無視した。組下が世話人として間に入ったがその組下も怒ってもう付き合いをやめる（村八分）とした（本文参照）。
	九月	江戸出府入用銭一軒につき二五〇文を源六が出さないというので問題になった。組下、千助もいろいろと説得したが言うことを聞かず、浅草役所に出訴すると言うと勝手にしろというので出訴したが源六が納得したので訴えをとりさげた。（本文参照）
五年		
六年		
七年	一月	松山村の組下平八が前年欠落し、二か月後帰村したので謹慎させていたら、甚右衛門の職場の組下二軒で金子の無心をしたことが明るみに出て詫び証文を出させられ、松山村から証文が届いた。
八年	三月	組下元右衛門と金右衛門養母まつが帰村したので金右衛門らが甚右衛門に一件書付を出した。（本文参照）
	六月	元右衛門とまつの欠落届け。（本文参照）

年	月	村内で起きた事件
	八月	武州野久喜村「抱えひにん」冨五郎が江戸十里四方追放を命じられ甚右衛門配下の小屋頭角兵衛に預けられた。
九年	二月	組下平蔵（箕田村預かりの平蔵とは異なる）が難病平癒祈願のため寺社参詣に出たが帰ってこないため欠落届け（前年一〇月、百日の暇をとり出村、百日経っても帰村しないので届け）。
	二月	「ひにん」小屋頭角兵衛が病気のため息子（一八歳）が角兵衛の跡を継いだ。
	五月	江戸十里四方追放で「ひにん」小屋頭角兵衛の「抱えひにん」になっていた冨五郎の欠落届け。
	一二月	千助弟彦助の欠落届け。
	一二月	千助が畑を担保に金を貸したが借主が利息を払わないと村役人に訴えた。（本文参照）
	一二月	一九年以前の寛政六年に起きた甚右衛門配下の「ひにん」久米七が百姓になぐられた事件の処理をめぐり対立があり、それ以後古名村、丸貫村に場主、「ひにん」が出入りしなくなっていた。この件で当時の書付がないので今後従来通り両村に出入りしてよいとの文書が名主から届いた。（本文参照）
一〇年	閏一一月	一昨年欠落した組下平蔵二九歳は病身のため出先で病死したと思われるので菩提寺に願って法名をもらい仮の墓をつくった。
一一年	二月	千助足痛のため二月の年礼のあいさつに組下清右衛門を出すことの願書を清右衛門に持たせた。
	八月	源六が酒に酔って千助に悪口を言ったので組合預けとなったが、石戸村の郷左衛門を頼み組合一同で千助に詫び証文を出した。（本文参照）

一二年	九月	源六の妻が五月に家出をしたが内分にしておいた。帰村したので詫びの一札を出させた。
	六月	組下与市が馬喰の仕事をしているということで三年前に一札出してやめたはずが、また頼まれてやったということで詫びの一札をとった。
	一〇月	「ひにん」小屋頭角兵衛（二一歳）が病気で退役し、かわりに下小屋吉五郎に交代させる。角兵衛一家は岡村に移り、岡村にいた角兵衛の弟（一七歳）がもどり、その後角兵衛を名乗る。
一三年		
一四年	二月	組下要吉弟太郎兵衛の欠落届け。
	三月	小屋頭角兵衛が見回り途中にいなくなったため、配下の「ひにん」吉五郎がその旨報告したところ九日後にもどってきて、すべて吉五郎に頼んでいたのを吉五郎がなおざりにしたと嘘を言い、その後嘘がわかったのでその旨甚右衛門に口書を差し出した。また角兵衛も出奔の理由を口書にして出した。
	三月	百姓関五郎が不埒なので「ひにん」小屋頭角兵衛に渡し、「ひにん」とした。しかし不便《ふびん》なので百姓方で引きとり、以後和名村には立ち入らせないとの一札をもらった。
	四月	角兵衛がまた欠落したので届け。
	八月	大山唐銅灯籠寄進。（本文参照）
文政元年	四月	組下与市は以前から不埒（馬喰をしていた）のことが多かったが、千助に対し法外なことを言ったので組合預けとし、組合、親戚一同で千助に一札出した。
	四月	それを受け千助は浅草役所へ伺い書を出した。
二年		
三年	二月	組下直蔵弟秀吉の欠落届け。

年	月	村内で起きた事件
四年	二月	太郎兵衛二度目の欠落届け。
五年	二月	組下元右衛門と金右衛門養母まつの帰村届け。（本文参照）
六年	四月	秀吉の帰村届け。
	四月	太郎兵衛帰村届け。
	一一月	南河原村の孫四郎悴清次郎が四月に甚右衛門の組下源次郎の妹とめを連れ出し欠落した。一一月に入りもどってきたので甚右衛門と村方衆中に詫びを入れ、とめは清次郎の妻にもらいうけ以後一切和名村には出入りさせない旨一札入れた。（本文参照）
七年	八月	村役人へ組下一同連印で村方取締につき請け証文を出した。（本文参照）
八年	二月	組下兵右衛門が酒に酔って百姓所持の山で立木を伐りとったとして百姓に詫び状を出したので写しをとった。
九年	二月	欠落していた組下忠蔵が帰村したと思ったら病死したので届けを出したが四回書き直させられた。（本文参照）
一〇年	四月	組下林蔵が石戸村小頭に貸した金が返されないので訴え書を浅草役所に出したことに添え書き。
	八月	菩提寺から物入りが多いので役僧が村を回り身分相応の布施を願ったところ四軒が応じなかったと抗議が来た。甚右衛門は酒のせいで忘れていたということにして今後こういうことはしないと村全員の連印で詫び状を出した。

	八月	村内の祝儀についてどんどん派手になってきているので千助が音頭をとって質素にするよう細かく取りきめ一同で確認した。
	九月	地方役人宛身分上下を守る旨の連印証文を出した。
一一年	二月	千助足痛と持病の疝癪で寝ているとして江戸への出府の日延べを願う。小屋頭角兵衛も前年一〇月より瘡病で歩けないとして届け出。代理として組下清右衛門が出府。
一二年		
天保元年		
二年	七月	名主より質地など所持する田畑の証文をすべて書き出して報告するように言われた。組下たちがこれまでそういうことはなかったので提出したくないと考え、みんなで支援するので甚右衛門にがんばってほしいと連印証文を甚右衛門に出した。
	一〇月	弾左衛門役所よりゆらが引き渡される。（本文参照）
三年	二月	浅草役所より組下に家来、譜代などいるものがあるかの尋ねがあり、当村にはないと答える。
	二月	組下源次郎が伊勢金毘羅参詣に出たあと帰村しないことを届け出。
	二月	組下半蔵が金毘羅参詣に出たあと帰村しないので届け出。
	二月	角兵衛が病身のため悴角次郎一六歳に跡を継がせるということで弾左衛門役所へお目見えに連れていく。
四年	二月	組下和吉が先祖供養のため石仏をつくりたいと旦那寺に二朱の包みを持ってお願いしたところ、これまでの五字の禅定門の法名を七文字の信士、信女にして許可してくれた。ところができたのを見ると六字の法名だったので今更彫り直すのは大変なので了解してほしいと和吉は千助以下村一同に一札出した。

年	月	村内で起きた事件
	六月	組下乙八が酒に酔って無礼を働いたので迷惑を掛けたと甚右衛門あてに一札を出した。
	七月	組下乙八と妻いそが二人で欠落したことの届け。
	一一月	ゆらが悪事を働き浅草役所で入牢させられその費用を求められ、組下の弥助に金二分二朱と銀一朱を持たせたら、下谷山崎町で二人組に襲われ金子を奪われたのでその旨届け出た。

参考文献、史料

埼玉県立文書館蔵「鈴木家文書」
埼玉県同和教育研究協議会『鈴木家文書』全五巻
埼玉県同和教育研究協議会『鈴木家文書解説』
群馬部落研東毛地区近世史学習会『下野国太郎兵衛文書』正・続
群馬部落研東毛地区近世史学習会『下野国半右衛門文書』
東日本部落解放研究所『群馬県被差別部落史料』岩田書院
中尾健次『弾左衛門関係史料集』全三巻　解放出版社
埼玉県同和教育歴史教材編集委員会『埼玉の部落』
東日本部落解放研究所『東日本の部落史』一、三巻　現代書館
東日本部落解放研究所『東日本の近世部落の具体像』明石書店
東日本部落解放研究所『東日本の近世部落の生業と役割』明石書店
藤沢靖介『部落の歴史像』解放出版社
藤沢靖介『部落・差別の歴史』解放出版社
斎藤洋一、大石慎三郎『身分差別社会の真実』講談社現代新書
大熊哲雄、斎藤洋一、坂井康人、藤沢靖介『旦那場』現代書館
全国部落史研究交流会『部落史研究4　弾左衛門体制と頭支配』解放出版社
中尾健次『江戸社会と弾左衛門』解放出版社
峯岸賢太郎『近世被差別民史の研究』校倉書房
塚田孝『身分制社会と市民社会』柏書房
尾脇秀和『氏名の誕生』ちくま新書

一一代甚右衛門略年表

西暦（年号）	甚右衛門関係	関連の動き
一七六九（明和六）	千助（一一代甚右衛門）誕生	
一七七〇（明和七）	父喜平次、小頭役相続	
一七七一（明和八）		杉田玄白ら腑分けを観る
一七七八（安永七）		幕府、えた・ひにん等取締令
一七八二（天明二）		天明大飢饉〜一七八七（天明七）
一七八七（天明七）		松平定信老中となり寛政改革〜一七九三（寛政五）
一七九〇（寛政二）	父助命のため駆け込み訴訟	八代弾左衛門（要人）押込処分（病死）
一七九三（寛政五）		浅之助、九代弾左衛門相続
一七九四（寛政六）	所払源六一件	
一七九六（寛政八）	千助小頭役相続	
一七九七（寛政九）	千助伊勢、金毘羅参詣	
一八〇二（享和二）	千助、実名取得（政徳）	
一八〇三（享和三）	父喜平次病死	
一八〇四（文化元）		九代弾左衛門（浅之助）病死、金太郎、一〇代相続
一八〇五（文化二）		関東取締出役設置
一八〇九（文化六）	千次郎誕生	
一八一一（文化八）	元右衛門、まつ一件	

一八一二（文化九）	弟彦助、長崎留学	
一八一三（文化一〇）	母はな病死	
一八一四（文化一一）	三男藤次郎死	
一八一七（文化一四）	相州大山唐銅燈籠寄進	
一八一八（文政元）	長吏祈願差し留め一件	
一八二二（文政五）		喜三郎、一一代弾左衛門相続
一八二三（文政六）	東日本観音巡礼	
一八二四（文政七）		長崎鳴滝塾開設
一八二七（文政一〇）		関東に改革組合村設置
一八二九（文政一二）		周司、一二代弾左衛門相続
一八三〇（文政一三）	四男直治郎ら伊勢参詣	江戸期最大のおかげ参り年、弾左衛門屋敷出火、全焼
一八三一（天保二）	ゆら一件	
一八三二（天保三）	享保以来回状写し作成	
一八三三（天保四）	千助、小頭役引退、千次郎就任	天保大飢饉～一八三九（天保一〇）
一八三五（天保六）	下細谷村御仕置一件	
一八三七（天保八）		大塩平八郎の乱
一八三八（天保九）	戒名免許	
一八三九（天保一〇）	田畑諸人足日記帳作成	
一八四〇（天保一一）	大山参詣	小太郎、一三代弾左衛門相続
一八四一（天保一二）	千助病死	

あとがき

私は高校で日本史を教えていた。一九六三年、大学を出て埼玉県西部の商業高校に就職した。その頃の私は知識として部落差別、部落問題があることは知っていたが、それが自分の身近なところに、目の前にあるなどとは思いもしなかった。当時は教科書に部落に関する記述もなく私の育った富山県や就職した埼玉、東京に同和教育はなかった。

生徒の九割が就職希望の学校で、就職指導をすればそこに差別があることはすぐわかった。一人親の生徒や経済的に大変な家庭の生徒の就職は大変だったし、多くの企業が身元調査をやっていることも知っていた。私自身も思想、信条、学生運動の経験等で差別があることを実感していた。しかし、応募用紙に本籍地を書かせ面接で確認する、そして身元調査をすることが実は部落差別を意図するものであったことには全く気がついていなかった。

日本史の教員として歴史は支配者の立場から見るか、人民、民衆の側から見るかによって大きく異なると考えていた。林屋辰三郎さんの民衆の立場に立って歴史を明らかにするには地方・部落・女性を軸に歴史を見なければならないという提言（『歌舞伎以前』岩波新書）に強い影響を受けていた。初めは女性史を研究していたが、同和対策審議会答申や狭山事件など部落解放運動の高揚のなかで部落問題への関わりを持つようになった。東京でも同和教育に取り組もうと仲間とともに一九七五年に東京都同和教育研究協議会(都同教)をつくり、部落出身の生徒や在日韓国・朝鮮人の生徒たちと関わりながら就職差別の問題にもとりくんできた。

その頃ようやく小、中学校の歴史の教科書にも部落のことがとりあげられるようになった。その頃の部落史は政治起源論を中心に身分、地域、住居の三位一体の差別が強調され、部落の人々は人の嫌がる仕事を押しつけられ、がけの下や川原など環境の悪い所に住まわされ、百姓たちに上見て暮らすな下見て暮らせと部落の人々を差別することによって支配者への不満をそらそうとする人民を分断する、分裂支配のために設定されたと説明されていた。

私もその頃は貧困と差別、差別残酷物語とも言うべき差別の事例を紹介し、こんなにひどい差別があったということを強調することにより、生徒たちが差別の不当性、差別への怒りを感じ、差別の解消につながるのではないかと考えていた。しかしこのことが逆に部落出身の生徒をうつむかせ、部落外の生徒には部落でなくてよかったと感じさせるものになっているとの指摘があり、差別との闘いを強調するようにした。九州の松崎武俊さんが「貧困と差別」の歴史だけでなく部落の果たしてきた「生産と労働」の歴史を教えるべきことを主張され、人々の共感を得たが私もそうだと思った。

私はこのころ群馬県前橋市の被差別部落に大切に保存されていた「三郎右衛門文書」を安澤秀一さんの指導を受け、「古文書を読む会」をつくって解読にとりくんでいた。そこには部落の人々が人間以下の扱いを受け、貧困と差別に苦しんでいたというこれまでの部落史像とは違う姿があった。部落の人たちが男性だけど思われるがよく酒を飲み、江戸に出れば銭湯に入り、髪結いにも行っている。寺社を参詣し、村のなかでは重要な役割を果たし信頼されている。もちろんきびしい差別はあったが、差別に屈せず誇りを持って毎日の生活を送り、さまざまな工夫と努力によって生活をより豊かなものにしようとしてきたことなど、現代に生きる私たちが学ぶべき多くのことが見えてきた。同和教育の基本は「差別の現実に学ぶ」ということであるが、これは江戸時代の「差別の現実に学ぶ」ものであった。研究者の論文には出てこない、研究者の論文ではわからない部落の人々の日常の生活があった。

「古文書を読む会」の参加者にとっても新しい発見と驚きの連続であった。私たちはこれを広く知ってもらおうと「植野村の人々の生活と闘い」という一冊の本（『東京部落解放研究』八一号）にまとめた。

「鈴木家文書」も読めば読むほど新しい発見と驚きの連続であった。

部落の闘いと言うと岡山の渋染一揆がとりあげられるが、このような一揆はいつも起きるわけではない。すると部落の人々は日常的にはきびしい差別を我慢し耐えてきたような印象を持つことになるが、実態はそうではない。部落の人々は一揆は起こさなくても日常的に差別と闘ってきたのである。

本書でとりあげた和名村の人々も日常的に差別と闘ってきた。私は差別を強調しなくても部落の人々の日常を明らかにすることにより差別の不当性をよりよく理解できるのではないかと考えた。江戸時代の和名村の人々の生活を知ってほしいと思い本書をまとめた。

執筆にあたっては多くの史料、文献、論文を参考にしたが、本書の性格を考え研究書のように一々史料や参考文献を注記せず主要なもののみ最後に列記した。

本書を作成するにあたって「鈴木家文書」所有者の鈴木家、また部落解放同盟埼玉県連合会、部落解放同盟吉見支部のみなさんのご理解とご協力をいただきました。東日本部落解放研究所と「古文書を読む会」のみなさんからも貴重なご意見、ご助言をいただきました。感謝を申し上げます。

写真提供

（1）古文書写真は埼玉県立文書館蔵の「鈴木家文書」の複製資料と著者撮影のものを使用。

（2）11代甚右衛門墓、大山、羽黒山、向徳寺の写真は著者撮影。

（3）竹皮草履（31頁）は水野松男提供。

【著者プロフィール】

松浦利貞（まつうら・としさだ）

1941年生まれ。東京都立の高等学校で同和教育に取り組み部落史を研究する。現在東日本部落解放研究所副理事長。東日本部落解放研究所編の『群馬県被差別部落史料』（岩田書院）、『東日本の部落史』全3巻（現代書館）等の編集に携わる。

東日本部落解放叢書

武州小頭甚右衛門の世界

2023年12月15日　第1版第1刷発行

著 者——— 松浦利貞

発 行——— 株式会社 解放出版社

〒552-0001
大阪府大阪市港区波除4-1-37 HRCビル3階
TEL 06-6581-8542　FAX 06-6581-8552

東京事務所
〒113-0033
東京都文京区本郷1-28-36 鳳明ビル102A
TEL 03-5213-4771　FAX 03-5213-4777

振替 00900-4-75417
ホームページ http://kaihou-s.com

造本・装幀 — 米谷 豪

印刷・製本 — モリモト印刷株式会社

Printed in Japan
ISBN978-4-7592-4235-5 C0321 NDC213　208p 19cm

東日本部落解放叢書の創刊にあたって

　これまで、東日本における部落解放運動、同和教育運動、部落史、差別論などに関するさまざまな実践と研究が積み重ねられてきました。それらの成果の多くは、関係諸団体の機関誌などへ掲載されてきましたが、広く販路をもった書籍化が十分に進められてきたとは言えない状況です。

　それを受けて解放出版社では、「東日本部落解放叢書」を創刊することとなりました。東日本における部落研究の成果を書籍として全国に発信すると同時に、次世代を担う研究者・活動家へ書籍執筆の途を拓き、東日本における部落解放運動のさらなる活性化を図っていきたいと考えております。なお、本叢書の発行に関しては、東日本部落解放研究所のご協力をいただいています。